Métodos de Treinamento em Musculação

*Periodização e Variações dos
Principais Sistemas de Treinamento*

Dados Internacionais de Catalogação na Publicação (CIP)
(Câmara Brasileira do Livro, SP, Brasil)

Vieira, Fabiano Guedes
  Métodos de treinamento em musculação :
periodização e variações dos principais sistemas
de treinamento / Fabiano Guedes Vieira. -- 3. ed.
São Paulo : Ícone, 2015.

  ISBN 978-85-274-1054-0

  1. Aptidão física 2. Exercício 3. Musculação
4. Treinamento esportivo I. Título.

09-07336   CDD-613.71

Índices para catálogo sistemático:

1. Musculação : Educação física   613.71

Professor Fabiano Guedes Vieira

MÉTODOS DE TREINAMENTO EM MUSCULAÇÃO

Periodização e Variações dos Principais Sistemas de Treinamento

3ª edição
Brasil – 2015

© Copyright 2015.
Ícone Editora Ltda.

Projeto Gráfico de Capa
Rodnei de Oliveira Medeiros

Diagramação
Andréa Magalhães da Silva

Revisão
Rosa Maria Cury Cardoso

Proibida a reprodução total ou parcial desta obra,
de qualquer forma ou meio eletrônico, mecânico,
inclusive por meio de processos xerográficos,
sem permissão expressa do editor
(Lei nº 9.610/98).

Todos os direitos reservados pela
ÍCONE EDITORA LTDA.
Rua Javaés, 589 – Bom Retiro
CEP 01130-010 – São Paulo – SP
Tel./Fax.: (11) 3392-7771
www.iconeeditora.com.br
e-mail: iconevendas@iconeeditora.com.br

Agradecimentos

Gostaria de agradecer a todas as pessoas que direta ou indiretamente contribuíram para a aquisição de conhecimento necessária à realização e conclusão dessa obra.

Sumário

Introdução, 11

Capítulo I – Metodologia e procedimentos iniciais na montagem do treinamento, 15
Interpretando o perfil do praticante, 17

Capítulo II – Metodologia para a adaptação fisiológica e anatômica do praticante, 25
Esquema geral da fase de adaptação, 29
Exemplo de treino único – sem divisão – para iniciantes que treinam 3 vezes por semana, 29
Divisão de treino semanal para iniciantes que treinam 3 vezes por semana (2 a 3 séries por exercício), 33
Exemplo I, 33
Exemplo II, 36
Divisão semanal para iniciantes que treinam 4 vezes por semana – treino A e B, 38

Capítulo III – Treino A - B - C, 41

Exemplo de divisão de treinamento dividido em A - B - C, 43

Montagem dos exercícios seguindo o exemplo I, 45

Exemplo de mudança de treino após 4 a 6 semanas, seguindo o exemplo I de divisão semanal de treino, 46

Capítulo IV – Avançando no treinamento, 49

Exemplo de divisão semanal do treino A - B - C - D, 51

Exemplo de divisão semanal de treino em A - B - C - D - E, 52

Fatores de controle no treinamento, 53

Intervalos, repetições, exercícios, intensidade e volume, 53

Periodização, 65

Capítulo V – Métodos de treinamento em musculação, 73

Principais métodos de treino, 77

Pirâmide decrescente - sobrecarga constante, 77

Pirâmide decrescente – sobrecarga crescente, 78

Pirâmide crescente – sobrecarga constante, 79

Pirâmide crescente – sobrecarga decrescente, 80

Pirâmide mista, 81

Pirâmide de tempo decrescente, 83

Pirâmide de tempo crescente, 84

Pirâmide espelhada – decrescente/crescente, 84

Pirâmide espelhada – crescente/decrescente, 86

Série piramidal, 88

Método sem contagem – estipulado por tempo, 90

Método da variação por ângulo, 91

Método da série livre, 92
Drop set, 94
Drop set duplo, 96
Drop set triplo, 96
Drop set total, 97
Isometria ou contração de pico, 97
Isometria na fase concêntrica, 100
Isometria na fase excêntrica, 100
Método isométrico, 101
Método da velocidade alternada, 102
Método da velocidade alternada em três fases, 103
Método da repetição forçada, 104
Método da repetição negativa, 105
Método da repetição negativa total, 105
Método da repetição parcial, 106
Método da repetição parcial alternada, 106
Método do movimento fracionado em três, 107
Método do roubo, 109
Pausa de descanso, 111
Pré-exaustão, 111
Supersérie – agonista/antagonista, 114
Série combinada, 116
Série gigante, 119
Método 8 – 15, 120
Método 8 – 15 sem intervalo, 121
Método 6 – 20, 122
Método 6 – 20 sem intervalo, 124
Método 10 de 10 – 7 de 10, 125
Método 10 de 10 – 7 de 10 com intervalo decrescente, 126
Método 10 de 10 – 7 de 10 com intervalo crescente, 127
Método 10 a 1, 129

Método 1' por 1', 130
Método 6 (100%) – 6 (70%), 131
Método da confusão muscular, 132
Método do músculo prioritário, 133
Método do circuito, 134
Método da repetição par ou ímpar decrescente, 140
Método da repetição par ou ímpar crescente, 141
Método da repetição par e ímpar alternado, 142
Método do *overreaching*, 144
Método sem divisão, 145
Método *heavy duty*, 146
Método pliométrico, 148
Método da intensidade alternada por grupo
muscular, 149

Conclusão, 159

Referências bibliográficas, 161

Introdução

A musculação atualmente se torna uma modalidade cada vez mais popular, haja vista os inúmeros benefícios que ela oferece à saúde do praticante, o que vem sendo comprovado por inúmeros estudos científicos em todo o mundo, e também por observações empíricas.

As várias opções de exercícios e equipamentos fabricados atualmente, oferecem uma gama enorme de possibilidades de treinamento, o que viabiliza desenvolver qualquer tipo de capacidades físicas específicas, tais como condicionamento aeróbio e anaeróbio, propriocepção, coordenação motora, flexibilidade, potência e hipertrofia musculares, etc.

Para tanto existem exercícios e métodos de treino mais ou menos recomendados para alcançar cada objetivo, que devem ser escolhidos e ajustados em concordância com o resultado que se espera obter, fazendo assim com que o praticante atinja seus objetivos da forma mais rápida e segura possível. Nesse aspecto, esse livro vem colaborar com a descrição dos principais métodos de treinamento que podem ser utilizados, possibilitando ao atleta e ao educador físico, variar o treinamento em suas respectivas fases de periodização.

Alguns desses métodos aqui citados já são bem conhecidos pelos praticantes, enquanto outros são de mais complexo entendimento e só podem ser aplicados corretamente com o auxílio de um personal trainer ou parceiro de treinamento.

A indicação, acompanhamento e planejamento desses métodos depende da correta orientação de um professor de educação física especializado em personal training, musculação, ou treinamento desportivo. Ele é o único profissional capacitado e legalmente habilitado para ministrar treinamento com pesos. O Brasil ainda não conta com uma estrutura eficaz de fiscalização de clubes e academias, que muitas vezes acabam contratando leigos para tomar conta justamente do seu patrimônio mais valioso: seu corpo, portanto, sua saúde!

Infelizmente, apesar da abundância de professores de educação física especializados na área de treinamento e musculação, ainda persistem academias inescrupulosas que pouco se importam com a integridade física e satisfação dos seus alunos e muito menos com a qualidade dos serviços prestados, e por uma questão de "economia", contratam pessoas desqualificadas. São aquelas academias que contratam atletas, ex-atletas e estudantes de educação física, que para economizarem com o salário de professores gabaritados, burlam a lei e põem em risco a integridade física e a funcionalidade do treinamento ministrado em suas dependências.

Essa situação só vai ser sanada de fato quando os frequentadores de clubes e academias começarem a exigir professores formados em educação física, (se possível com especialização), e experiência comprovada, antes de se matricularem em tais estabelecimentos. Treinamento de musculação, assim como qualquer outra atividade física, é algo muito sério e que pode ser nocivo para a saúde sob vários aspectos, caso não tenha o correto acompanhamento de profissionais competentes. Durante a prática de atividade física, o corpo humano é submetido a diversas alterações sistêmicas: alterações endócrinas, mudanças no sistema cardiovascular, (alterações de frequência cardíaca e pressão), estresse muscular, tendinoso e ósseo, alterações glicêmicas, processos de termorregulação, etc. São modificações que ocorrem em qualquer tipo de atividade física, variando sua magnitude em função do tempo e da intensidade do exercício aplicado, mas que de qualquer forma não podem ser simplesmente ignoradas, sob pena de lesão ou falência de um ou mais dos sistemas submetidos ao esforço.

Portanto, qualquer pessoa que se preocupe com sua saúde, deveria, em primeiro lugar, se certificar de estar sendo instruída por um profissional de educação física habilitado e competente, se possível especializado em treinamento desportivo, musculação e demais áreas afins.

Boa leitura!

Capítulo I

Metodologia e procedimentos iniciais na montagem do treinamento

Métodos de treinamento em musculação são propostas para acrescentar mais intensidade ao treino, e também propostas de motivação para o praticante. Além do estímulo fisiológico diferenciado, também é um estímulo psicológico, no sentido de se romper a monotonia de um treino que muitas vezes se torna enfadonho. A monotonia no treinamento leva à estagnação dos resultados, que por sua vez leva o praticante ao desânimo e à subsequente desistência.

Temos um enorme universo de possibilidades a serem exploradas na sala de musculação, portanto, não devemos ficar presos às imutáveis e tradicionais 3 séries de 10 ou 15 repetições, porque além de monótono, esses sistemas se tornam ineficazes muito rapidamente, pois não respeitam o princípio da adaptabilidade, no qual um organismo não responde com a mesma eficiência a um determinado estímulo quando submetido a ele por um determinado tempo.

Dentre os vários métodos existentes, muitos são apenas um leve incremento ao treino convencional, servindo muito mais como um incentivo psicológico ao praticante do que realmente como um estímulo fisiológico radical. Outros métodos, por sua vez, constituem uma maneira muito eficaz de se incrementar o treinamento, por acrescentar muita intensidade ao mesmo, e por conseguinte, melhora de performance e composição corporal, acrescentando novos elementos a um universo normalmente restrito a umas poucas variações.

A correta aplicação desses métodos é tarefa difícil de ser dimensionada, e depende da interação do atleta com seu professor ou personal trainer, bem como a experiência de ambos, em interpretar os fatores que envolvem um treinamento físico específico de musculação. A periodização do treinamento é regida por alguns fatores, como estudo, observação e bom senso. Muitas vezes o que foi anteriormente planejado não será possível ser executado, já que o atleta sofre influência de inúmeros fatores internos e externos, alguns desses imprevisíveis e que só se mostrarão na hora do treino, durante a execução dos exercícios.

Pequenas lesões podem ocorrer com o passar das semanas, em decorrência ou não do treinamento, assim como noites mal dormidas, refeições não realizadas ou fora de hora, estresse psicológico, interação com outras atividades esportivas, dores articulares súbitas, e ainda uma série de fatores que influenciam negativamente o rendimento do atleta e o cumprimento estrito do que foi planejado. Assim, o treino embora periodizado, deve ser constantemente reavaliado e modificado de acordo com a condição atual do atleta.

Todo treino apresenta uma margem de erro, mas o que devemos procurar fazer é minimizá-la ao extremo. Para isso são realizadas modificações constantes, de acordo com as necessidades e com o *feedback* que o atleta vai apresentando ao longo das semanas e meses na prática da musculação.

Para tanto, levando todos esses fatores em consideração, o profissional de educação física deve antes de mais nada, procurar conhecer muito bem o perfil do praticante e aonde ele pretende chegar com o treinamento, (objetivos). Esse conhecimento é fundamental, pois cada um vai render de acordo com certos aspectos, sejam eles externos, como a escolha dos exercícios, duração e horário do treino, ou internos, como estado nutricional, motivação, estresse psicológico, idade, etc.

Interpretando o perfil do praticante

Quando vamos planejar um treinamento, inicialmente devemos nos perguntar para quem, (indivíduo), para quê, (objetivos), onde, (equipamentos), e quando, (periodização), aplicá-lo.

Assim, fatores como sexo, idade, objetivos do aluno, disponibilidade de tempo, disponibilidade de equipamento e possíveis limitações físicas, (detectadas em exames médicos e avaliações físicas), devem ser levadas em consideração, em concordância com os objetivos e necessidades do atleta.

Idade

Crianças, pré-adolescentes, adolescentes e idosos devem ser monitorados com mais critério, por apresentarem limitações nas suas capacidades físicas. Para esse público, métodos mais intensos não são recomendados.

Crianças e adolescente normalmente se entediam com mais facilidade, quando são submetidas a rotinas de treinamento muito constantes, além de apresentarem uma natural curiosidade em experimentar exercícios e métodos diferentes de treino. Para esse público, talvez seja melhor modificar a cada semana, ou a cada duas semanas, certos aspectos do treinamento, evitando desmotivação e consequentemente abandono ao programa proposto.

Não necessariamente modifica-se a intensidade, (que a princípio deve ser de baixa a moderada), mais sim a variabilidade dos exercícios e métodos aplicados. Além desse fator psicológico, deve-se considerar também que a constante mudança de exercícios muda o ângulo em que o esforço incide sobre as articulações e músculos, evitando uma possível lesão pela saturação de incidência de carga em um determinado ponto músculo-articular.

Já pessoas de mais idade, normalmente dos 50 anos em diante, possuem um perfil mais paciente, psicologicamente não necessitando tanto de variações por aspectos motivacionais, embora o argumento de se evitar lesões por incidência de sobrecarga num ponto específico da musculatura por muito tempo também seja válido, pois independe da idade. Para essa faixa de idade, evita-se sobrecargas muito elevadas e angulações extremas de movimentação, (angulações maiores podem ser experimentadas com sobrecargas muito baixas).

A faixa etária compreendida entre o adolescente e o idoso, ou seja, o adulto, caso este seja saudável, é onde o treinamento de alta intensidade é mais recomendado e onde apresenta menos restrições, mas claro, sempre respeitando possíveis limitações circunstanciais.

Sexo

Mulheres e homens têm graus de tolerância diferentes quanto ao treinamento aplicado, tanto fisiológico quanto psicológico. Além de terem um grau de recuperação muscular menor, pela menor concentração de testosterona circulante, algumas mulheres não suportam períodos de treinamento constante tão bem quanto os homens, (perda de motivação). Para essas mulheres, dentro de uma mesma intensidade planejada, talvez seja mais conveniente variar um pouco mais a metodologia de treino empregada, ou quando isso não for recomendado ou possível, deve-se variar então os exercícios a serem executados de dentro dessa mesma metodologia. De um modo geral, homens suportam melhor maiores períodos de um mesmo método, seguindo os mesmo exercícios.

Mas, como estamos lidando com seres humanos, a individualidade biológica é um fator preponderante, e portanto isso não é uma regra, sempre existem exceções e elas devem ser levadas em conta na montagem do micro e macrociclo de treinamento.

Objetivos

A escolha do método a ser aplicado é de certa forma relacionada com o objetivo da cada pessoa. Alguns métodos são mais voltados para hipertrofia muscular, alguns apenas para a manutenção dessa hipertrofia, existem métodos para aumentar a potência aeróbia, métodos exclusivos para aumento de força, e assim por diante.

Muitos métodos podem ser utilizados para trabalhar diversas das capacidades supracitadas, devendo apenas haver um ajuste na intensidade a ser empregada, enquanto outros funcionam apenas se empregados em elevada intensidade, como é o caso da Pausa de Descanso e das Repetições Forçadas, dentre outros.

Disponibilidade de tempo

A duração do treino, (tempo), é inversamente proporcional à intensidade do mesmo. Alguns métodos, por serem executados em alta intensidade, serão realizados em tempo consideravelmente menor do que outros, não tão intensos assim. A escolha da metodologia de treino deve levar em consideração, além dos objetivos do atleta, a disponibilidade de tempo que o indivíduo terá para se dedicar à musculação, ou seja, o tempo diário de cada sessão e a frequência semanal.

Disponibilidade de equipamento

Alguns métodos, como o Circuito, a Série Combinada e a Série Gigante, exigem que algumas máquinas estejam disponíveis num dado momento para o praticante. Normalmente a maior limitação não é tanto a falta de máquinas e demais equipamentos, e sim a sua disponibilidade quando o atleta for utilizá-las, já que em horários de pico nas academias não será possível dispor do necessário no tempo devido, como alguns métodos exigem, justamente devido ao grande fluxo de pessoas solicitando o maquinário.

Portanto, o horário em que o atleta treina e a quantidade de máquinas e equipamentos disponíveis também é um fator limitante na escolha de certos métodos de treino.

Limitações físicas

Através de um bom exame físico feito por um médico competente e pela anamnese, exame antropométrico, exame postural e outros feitos pelo educador físico, obtém-se um detalhado relatório a respeito da condição física e de saúde do atleta.

Fatores como obesidade, tabagismo, cardiopatias, hipertensão arterial, desvios posturais e problemas músculo-articulares, dentre tantos outros que podem ocorrer, devem ser analisados e levados em conta na prescrição do treinamento, para que os métodos e exercícios escolhidos não acentuem ou possam até miminizar esses problemas.

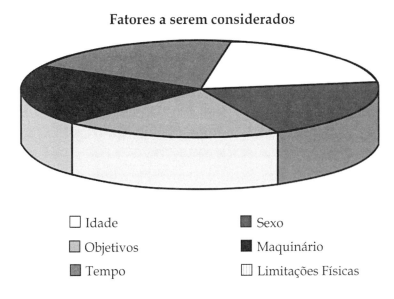

Fatores a serem considerados

☐ Idade   ■ Sexo
■ Objetivos   ■ Maquinário
■ Tempo   ☐ Limitações Físicas

Além dos fatores considerados anteriormente, será interessante analisar também, quando o treinamento se intensificar, o somatotipo do praticante: o grau de mesomorfia, ectomorfia e endomorfia de cada atleta, (essas nomenclaturas discriminam os indivíduos quanto à sua composição corporal, e dão alguma ideia da tipagem de fibras musculares e velocidade metabólica). Esse também poderá ser um parâmetro para a quantidade de séries, repetições e exercícios a serem prescritos.

À medida que o treinamento vai progredindo e se tornando mais intenso e sofisticado, a individualidade biológica vai tendo uma importância cada vez maior, e é esse o principal referencial que o educador físico terá para saber qual tipo de treinamento atenderá melhor os objetivos de cada um. É por causa da individualidade biológica que não existe uma "receita de bolo", uma prescrição pré-determinada de treinamento: cada pessoa responde de uma forma diferente a determinados estímulos. Para saber qual treino vai funcionar melhor para cada pessoa, utiliza-se alguns parâmetros, como a anamnese, a avaliação física, a experiência pessoal na prescrição de treinamento e a técnica da tentativa e erro.

Nesse momento, a experiência e a capacitação profissional do professor/personal trainer é fundamental para se alcançar mais rápido e com segurança os objetivos almejados. Professores que além de graduados contam com a experiência prática no seu currículo certamente são muito mais competentes do que professores exclusivamente "teóricos", já que muito do conhecimento em musculação não se aprende em cursos ou lendo livros, certas nuances do treino com pesos só podem ser aprendidas com a efetiva realização do treinamento, (prática).

Capítulo II

Metodologia para a adaptação fisiológica e anatômica do praticante

A fase inicial, ou fase de adaptação, é a fase aonde a individualidade biológica tem menos importância, por ser essa fase de baixa intensidade e de curta duração: ela é quase uniforme para uma grande maioria de indivíduos, salvo algum caso especial, como por exemplo problemas ortopédicos.

Então, independente da pessoa e suas possíveis limitações físicas, a maior parte do treino de adaptação é igual para todos, pois a baixa intensidade não acarretará maiores riscos que possam comprometer quaisquer dos sistemas envolvidos no processo.

A adaptação ao treino com pesos deve ser uma fase de aprendizagem do gesto motor correto dos exercícios de musculação, e também de preparação da musculatura, tendões, ligamentos, articulações e tecido ósseo ao treinamento, que progressivamente se tornará cada vez mais intenso.

O que irá variar de acordo com o indivíduo será a quantidade de peso a ser manipulada, bem como os exercícios escolhidos. A quantidade de séries e repetições deverá ser configurada da seguinte forma: 1 exercício para cada músculo/grupo muscular, e 2 ou talvez 3 para as coxas. De 1 a 3 séries de cada exercício, e a faixa de repetições de 12 a 15 movimentos. De 8 a 10 exercícios por sessão. Essa conformação parece ser a mais segura e adequada para a grande maioria dos indivíduos em adaptação.

Essa metodologia visa o iniciante, o indivíduo que nunca praticou musculação, ou que já praticou e está parado por um período de mais de 2 a 4 meses, dependendo do lastro fisiológico que tenha formado. Também é uma abordagem utilizada para atletas de outras modalidades que estão iniciando seu treino com pesos.

Nos dois primeiros casos, são recomendadas 1 a 2 séries por exercícios, entre 12 a 15 repetições de baixa intensidade, enquanto atletas de outras modalidades podem realizar de 2 a 3 séries, 12 a 15 repetições, com intensidade baixa-média, dependendo da natureza da modalidade esportiva que pratica, (intensidade e frequência nos treinos, bem como os grupos musculares envolvidos na modalidade). Por exemplo, jogadores de futebol suportarão mais séries e mais intensidade nos membros inferiores do que jogadores de tênis ou nadadores).

Na adaptação, apesar das restrições de carga e quantidade de exercícios, o somatório das séries realizadas é mais do que suficiente para promover a quebra da homeostase e acarretar modificações nos sistemas envolvidos, como melhora da coordenação muscular, supercompensação de glicogênio músculo-hepático e um pequeno grau de hipertrofia muscular e densidade óssea.

Nessa fase o ideal é que a pessoa não tenha muita dor muscular tardia, para prosseguir de forma ideal com a adaptação, sem os inconvenientes que essa dor possa causar, atrapalhando o próprio treinamento. Logicamente um pequeno processo inflamatório nas miofibrilas musculares é inevitável, até mesmo desejável, sendo um indicador que a quebra da homeostase ocorreu. A sobrecarga no entanto deve ser muito bem dosada, já que nenhum benefício trará se for muito elevada; para o sedentário, qualquer sobrecarga que produza um pouco de resistência ao final das repetições previstas já serve para produzir as adaptações necessárias.

Apesar de ser um assunto ainda muito polêmico, exercícios de alongamento não devem ser incentivados nessa fase, nem antes, nem durante, nem após o treino com pesos, a menos que o indivíduo já os pratique. A tensão produzida na musculatura por esse tipo de exercício irá se somar com o esforço produzido pelos exercícios de musculação, (o alongamento pode contribuir para o rompimento de miofibrilas), e certamente irá contribuir para o surgimento da dor muscular tardia, às vezes uma contribuição bem significativa, uma vez que o indivíduo pode exagerar no tempo e na intensidade de execução dos alongamentos.

Apesar do conhecimento popular apregoar que "deve-se alongar para evitar dor muscular", alongamentos não são absolutamente recomendados nas primeiras semanas de treino com pesos, até porque nenhuma falta farão: a maioria dos exercícios de musculação dará uma resposta positiva na melhoria da flexibilidade, quando feitos em amplitude correta. Além disso, é mais prudente pecar pelo excesso de zelo, do que acrescentar na adaptação elementos que trarão benefícios pífios ou duvidosos.

Também o aquecimento, na maioria das vezes, poderá ser dispensado, considerando que a intensidade do treino será baixa e portanto o aquecimento será feito concomitantemente à realização das séries.

No que concerne à velocidade de execução dos exercícios, o praticante deve ser encorajado a executar o movimento da forma mais natural possível, sem exageros, evitando movimentos bruscos e descontrolados, provenientes de uma execução muito rápida, mas também não deve demorar mais do que 3 segundos para se realizar uma repetição. O mais indicado é realizar a fase concêntrica e excêntrica em 2 segundos, (1 segundo cada uma), ou ainda a fase concêntrica em 1 segundo e a fase excêntrica em 2 segundos. Quanto menos se complicar nessa fase melhor.

Quanto ao intervalo de descanso entre as séries, considerando-se que a sobrecarga na adaptação é baixa, o praticante deve ser orientado a não exceder 1 minuto de intervalo. Algo em torno de 40 segundos a 1 minuto é mais do que suficiente o correto descanso do músculo utilizado e para regenerar suas reservas de ATP-CP.

Esquema geral da fase de adaptação:

> → 1 ou 2 exercícios por grupo muscular
>
> → 8 a 10 exercícios por sessão
>
> → 1 a 3 séries de cada exercício
>
> → 12 a 15 repetições em cada série

Exemplo de treino único – sem divisão – para iniciantes que treinam 3 vezes por semana:

Exercício:	Série:	Repetições:
Supino articulado	1 a 2	12 a 15
Remada cavalinho	1 a 2	12 a 15
Elevação lateral	1 a 2	12 a 15
Rosca direta	1 a 2	12 a 15
Extensão de tríceps	1 a 2	12 a 15
Leg press	1 a 2	12 a 15
Cadeira extensora	1 a 2	12 a 15
Cadeira flexora	1 a 2	12 a 15
Flexão plantar livre	1 a 2	12 a 15
Abdominal	1 a 2	12 a 15

* Intervalo entre séries e exercícios de aproximadamente 1 minuto

Divisão semanal do treino anterior:

Segunda	Terça	Quarta	Quinta	Sexta
Treino	Folga	Treino	Folga	Treino

ou

Segunda	Terça	Quarta	Quinta	Sexta	Sábado
Folga	Treino	Folga	Treino	Folga	Treino

A indicação de apenas uma série por exercício se destina a pessoas idosas, pré-adolescentes, adolescentes e pessoas totalmente sedentárias. Nesse caso treina-se 3 vezes por semana em dias alternados, e nessa série, a ordem em que os exercícios são executados é irrelevante, podendo-se treinar alternadamente membros superiores/braços e membros inferiores, ou primeiramente só os membros inferiores e depois os superiores, ou superiores e inferiores.

Logicamente, outros exercícios diferentes dos que foram citados no exemplo, podem e devem ser experimentados, evitando-se, no entanto, exercícios com grande amplitude articular e exercícios de execução mais precisa e complexa, como a maioria feita com pesos livres. O mais importante é acionar todos os principais grupos musculares do corpo, com apenas um exercício para cada grupo muscular grande do tronco, músculos principais dos braços, (bíceps e tríceps), ombros e panturrilha, e de 2 a 3 exercícios para as coxas, (8 a 10 exercícios por sessão). Em alguns casos, quando o indivíduo é muito sedentário, talvez não seja necessária a ativação direta dos ombros.

Dessa forma, cada músculo/grupo muscular é acionado 3 vezes por semana, com uma intensidade bem baixa, tanto pela carga de trabalho, que deve ser necessariamente leve, quanto pelo volume de séries, (1 série por exercício).

No entanto, na grande maioria das vezes, 2 séries parece ser o ideal para a maior parte das pessoas que iniciam a fase de adaptação. Como já dito, podem ser sugeridas 3 séries, no caso de pessoas que interromperam o treino de musculação por breves períodos e estão em readaptação, e também para atletas de outras modalidades e pessoas que tenham um estilo de vida fisicamente mais ativo.

No caso de prescrição de 2 ou 3 séries por exercício, pode-se dividir o treino para uma melhor recuperação da musculatura. Para pessoas que têm disponibilidade para treinar 4 vezes por semana, divide-se o treino em A e B, (2 vezes por semana o treino A, e 2 vezes por semana o treino B). Já para pessoas que contam apenas com 3 dias semanais para treinar, pode-se dividir o treino em A, B e MISTO, (uma vez por semana o treino A, uma vez por semana o treino B, e uma vez por semana o treino MISTO, que repete os principais exercícios do treino A e B, garantindo que cada grupo muscular seja acionado pelo menos 2 vezes por semana).

O treino A e B, (4 vezes por semana), ou o treino A, B e MISTO podem ser divididos em:

A: Musculatura da face anterior do corpo: Peitoral, abdominal, bíceps, quadríceps.

B: Musculatura da face posterior do corpo: Dorsais, tríceps, isquiotibiais, glúteos e panturrilha.

Treino misto: Principais exercícios dos treinos A e B.

A seguinte divisão também poderá ser adotada:

A: Musculatura do tronco e braços.

B: Musculatura dos membros inferiores.

Treino misto: Principais exercícios dos treinos A e B.

Ou ainda a seguinte divisão:

A: Exercícios que "empurram", (*leg press*, supino, desenvolvimento, etc.).

B: Exercícios que "puxam", (remadas, cadeira flexora, rosca direta, etc.).

Treino misto: Principais exercícios dos treinos A e B.

Outras divisões podem ser experimentadas, desde que todos os grupamentos musculares sejam acionados 2 vezes por semana.

Divisão de treino semanal para iniciantes que treinam 3 vezes por semana (2 a 3 séries por exercício):

Exemplo I:

Segunda-feira Treino A (Anterior)	Quarta-feira Treino B (Posterior)	Sexta-feira Treino Misto
Supino articulado	Pulley alto	Voador ou supino
Voador	(frontal)	*Pulley* alto ou remada
Rosca direta	Remada sentada	Abdominal
Abdominal	Elevação lateral	*Leg press*
Leg press	Tríceps no *pulley*	Cadeira extensora
Cadeira extensora	Cadeira abdutora	Flexão plantar livre
Cadeira adutora	Cadeira flexora	Tríceps no *pulley*
	Flexão plantar livre	Rosca direta

Treino A – Músculos da face anterior do corpo:

Exercício	Série	Repetições
Supino articulado	2 a 3	12 a 15
Voador	2 a 3	12 a 15
Rosca direta	2 a 3	12 a 15
Abdominal	2 a 3	Até a exaustão
Leg press	2 a 3	12 a 15
Cadeira extensora	2 a 3	12 a 15
Cadeira adutora	2 a 3	12 a 15

Treino B – Músculos da face posterior do corpo:

Exercício	Série	Repetições
Pulley alto	2 a 3	12 a 15
Remada sentada	2 a 3	12 a 15
Extensão de tríceps	2 a 3	12 a 15
Elevação lateral	2 a 3	12 a 15
Cadeira flexora	2 a 3	12 a 15
Cadeira abdutora	2 a 3	12 a 15
Flexão plantar livre	2 a 3	12 a 15

Treino misto – principais exercícios dos treinos A E B:

Exercício	Série	Repetições
Voador ou supino	2 a 3	12 a 15
Pulley ou remada	2 a 3	12 a 15
Extensão de tríceps	2 a 3	12 a 15
Rosca direta	2 a 3	12 a 15
Abdominal	2 a 3	Até a exaustão
Leg press	2 a 3	12 a 15
Cadeira extensora	2 a 3	12 a 15
Cadeira flexora	2 a 3	12 a 15
Flexão plantar livre	2 a 3	12 a 15

O treino deve iniciar sempre com os exercícios que exercitam os grupos musculares maiores, como peitoral e dorsais antes de bíceps, tríceps e ombros, e exercícios para coxas antes de glúteos e panturrilhas. Dessa forma, o potencial de energia que é maior no começo do treino, é direcionado para músculos maiores e que contam com a ajuda de agonistas para executar o movimento.

Por exemplo, executa-se o supino antes da extensão para o tríceps no *pulley*, e a remada antes da rosca direta. Caso se inverta a ordem, por exemplo, executando a extensão de tríceps antes do supino, o potencial de força é desviado do peitoral para o tríceps. O músculo menor trabalha com carga relativamente maior do que o músculo maior, o que é incoerente.

Quando se executa o supino primeiro, indiretamente o tríceps é acionado, por ser o músculo sinérgico principal desse exercício; quando se passa para o treino direto de tríceps, (aonde ele vai ser o agonista), esse já estará fadigado, mas esse procedimento permite que o peitoral treine mais adequadamente, com mais sobrecarga, e assim com todos os grupos musculares que tenham músculos menores como sinérgicos.

→ Músculos sinérgicos em exercícios de peitoral e dorsais: Ombros, tríceps e bíceps.

→ Músculos sinérgicos em exercícios para coxas que envolvam a articulação do quadril, como agachamentos e *leg press*: glúteos e panturrilhas.

Exemplo II:

Segunda-feira Treino A Tronco/ M. Superiores	Quarta-feira Treino B Membros Inferiores	Sexta-feira Treino Misto
Supino articulado	*Leg press*	Supino articulado
Voador	Cadeira extensora	Remada sentada
Remada sentada	Cadeira flexora	Rosca direta
Pulley alto	Cadeira adutora	Tríceps no *pulley*
Elevação lateral	Cadeira abdutora	Abdominal
Rosca direta	Flexão plantar livre	*Leg press*
Tríceps no *pulley*		Cadeira extensora
Abdominal		Cadeira flexora
		Flexão plantar livre

Treino A – Membros superiores e tronco:

Exercício	Série	Repetições
Supino articulado	2 a 3	12 a 15
Voador	2 a 3	12 a 15
Remada sentada	2 a 3	12 a 15
Pulley alto	2 a 3	12 a 15
Elevação lateral	2 a 3	12 a 15
Tríceps no *pulley*	2 a 3	12 a 15
Rosca direta	2 a 3	12 a 15
Abdominal	2 a 3	Até a exaustão

Treino B – Membros inferiores:

Exercício	Série	Repetições
Leg press	2 a 3	12 a 15
Cadeira extensora	2 a 3	12 a 15
Cadeira flexora	2 a 3	12 a 15
Cadeira adutora	2 a 3	12 a 15
Cadeira abdutora	2 a 3	12 a 15
Flexão plantar livre	2 a 3	12 a 15

Treino misto:

Exercício	Série	Repetições
Supino ou voador	2 a 3	12 a 15
Remada ou pulley	2 a 3	12 a 15
Rosca direta	2 a 3	12 a 15
Tríceps no pulley	2 a 3	12 a 15
Abdominal	2 a 3	Até a exaustão
Leg press	2 a 3	12 a 15
Cadeira extensora	2 a 3	12 a 15
Cadeira flexora	2 a 3	12 a 15
Flexão plantar livre	2 a 3	12 a 15

Divisão semanal dos treinos A – B – Misto – Exemplos I e II:

Segunda	Quarta	Sexta
Treino A	Treino B	Treino Misto

ou

Terça	Quinta	Sábado
Treino A	Treino B	Treino Misto

Divisão semanal para iniciantes que treinam 4 vezes por semana – Treino A e B:

Segunda Treino A	Terça Treino B	Quinta Treino A	Sexta Treino B
Supino	*Leg press*	Supino	*Leg press*
Voador	Cadeira	Voador	Cadeira
Remada	extensora	Remada	extensora
sentada	Cadeira	sentada	Cadeira
Pulley alto	flexora	*Pulley* alto	flexora
Elevação	Cadeira	Elevação	Cadeira
lateral	abdutora	lateral	abdutora
Rosca direta	Cadeira	Rosca direta	Cadeira
Tríceps no	adutora	Tríceps no	adutora
pulley	Flexão	*pulley*	Flexão
Abdominal	plantar livre	Abdominal	plantar livre

Nessa divisão de 4 dias, pode-se variar a divisão diária dos grupos musculares, como por exemplo:

A: Peitoral, bíceps, tríceps, ombros e panturrilhas.

B: Dorsais, coxas, glúteos e abdominais.

ou

A: Peitoral, dorsais e coxas, (grupos musculares maiores).

B: Bíceps, tríceps, ombros, abdominais e panturrilhas, (grupos musculares menores).

Divisão semanal do treino de 4 dias:

Segunda	Terça	Quarta	Quinta	Sexta
Treino A	Treino B	Folga	Treino A	Treino B

Normalmente após 2 semanas de treino, pode-se aumentar mais uma série para quem realizava apenas uma série por exercício, (aumento de 100% no volume de treinamento), e mais uma série para quem realizava 2 séries por exercício, (aumento de 50% no volume de treinamento). Ou seja, independente de quantas séries se realizava, aumenta-se mais uma após 2 semanas de treinamento.

Semanas de treino:	Quantidade de séries:
1	1 ou 2
2	2
3	2 ou 3
4	3

Após a 4ª semana de musculação, o indivíduo já teve aprimorada a sua coordenação motora para exercícios que exigem um maior grau de equilíbrio e controle de movimento. Também a sua musculatura esquelética sofreu importantes adaptações metabólico-enzimáticas no processamento do ácido lático produzido durante a realização dos exercícios, (embora ainda em pequena quantidade). Sua coordenação intramuscular já permite um melhor recrutamento das unidades motoras relacionadas com os músculos que foram treinados nesse período, e possivelmente uma pequena hipertrofia muscular já pode ser notada.

É importante lembrar que algumas pessoas irão se adaptar mais rapidamente do que outras, já que os fatores descritos acima irão sofrer influência da individualidade biológica e fatores externos também. Indivíduos com maiores níveis de testosterona, maior vivência esportiva anterior ao treinamento de musculação, e portanto melhor coordenação motora, tipagem de fibras musculares mais apropriadas ao treino aplicado, níveis nutricionais adequados e tempo de sono e recuperação corretos, poderão ter certas etapas da adaptação encurtadas ou até suprimidas.

Da mesma forma, algumas pessoas terão maior dificuldade em dominar a técnica correta de execução dos exercícios e maior dificuldade em assimilar o treinamento, (recuperação), apresentando ocorrência de dores musculares e/ou articulares e cansaço além do esperado. Essas pessoas certamente deverão se deter por mais tempo na fase de adaptação e fases intermediárias antes de expor a métodos de treino avançados.

Capítulo III

Treino A - B - C

Essa fase se inicia entre a 4ª e a 8ª semana de treino, logo após a adaptação, (o tempo de adaptação vai variar de pessoa para pessoa). Na maioria dos casos, 4 semanas de adaptação são suficientes para se dividir o treino em 3 partes. Ainda não são acrescentados métodos avançados, obviamente não ouve adaptação e nem necessidade disso.

Nessa divisão A – B – C, cada treino é completamente diferente do outro quanto aos músculos treinados, necessitando de uma frequência semanal de pelo menos 4 dias, sendo 5 dias o ideal. Quanto à contagem de repetições, pode ser mantida uma faixa de 3 séries de 9 a 12, ou 3 séries de 12 a 15 movimentos. O mais importante é a intensidade, (sobrecarga maior), seja a série de 9 ou de 15 repetições, o praticante deve ser estimulado a aumentar a sobrecarga dos exercícios de forma a sentir dificuldade nas últimas repetições, desde a primeira série de cada exercício. Ou seja, sentir maior resistência em todos os exercícios, em relação ao treino que fazia nas semanas anteriores.

No treino dividido em 3 partes, alguns fatores devem ser observados. Além da individualidade biológica, o princípio da variabilidade e o princípio da prioridade tem mais destaque e importância, em comparação com a fase de adaptação. A variabilidade se refere à mudança periódica de exercícios, (e com o tempo de prática, de metodologia também), para que o corpo não se acostume em demasia aos exercícios executados. Prioridade, como já foi dito, se refere ao conceito de se treinar primeiro os músculos que necessitem de maior desenvolvimento, (quando a energia corporal é maior e se pode colocar mais carga nos exercícios para esses músculos), ou treinar primeiro os músculos/grupos musculares maiores antes dos menores.

De forma geral, no entanto, o correto é treinar mesmo os músculos maiores antes dos menores, (peitoral, dorsais e coxas antes de bíceps, tríceps, ombros e panturrilhas). Isso porque caso os músculos menores sejam treinados antes dos maiores, eles estarão fadigados quando forem solicitados como músculos acessórios, a ponto de não conseguir auxiliar mais os músculos maiores a treinar com a intensidade adequada.

Exemplificando mais uma vez, quando se treina dorsais, na grande maioria dos exercícios utilizamos como principal músculo acessório os bíceps braquiais; então, caso treinemos os bíceps antes dos dorsais, eles estarão fadigados quando forem solicitados para o treino de dorsais, (isso no caso desses dois músculos serem treinados no mesmo dia), fazendo com que a sobrecarga para estes seja menor. Disso resulta que os músculos menores são treinados com maior intensidade que os maiores, sacrificando a harmonia do desenvolvimento corporal simétrico, pois se direciona menos intensidade onde ela é mais necessária.

Exemplo de divisão de treinamento dividido em A - B - C

* Exemplo I de divisão semanal:

Segunda	Treino A	Peito Bíceps Abdômen
Terça	Treino B	Dorsais Tríceps Ombros
Quarta	Treino C	Coxas Glúteos Gêmeos
Quinta	Treino A	Peito Bíceps Abdômen
Sexta	Treino B	Dorsais Tríceps Ombros

* Começar a semana seguinte com o treino C, e a próxima com o treino B.

*Exemplo II de divisão semanal:

Segunda	Treino A	Peito Tríceps Gêmeos
Terça	Treino B	Dorsais Coxas
Quarta	Treino C	Ombros Bíceps Abdômen
Quinta	Treino A	Peito Tríceps Gêmeos
Sexta	Treino B	Dorsais Coxas

* Começar a semana seguinte com o treino C, e a próxima com o treino B.

Exemplo III de divisão semanal:

Segunda	Treino **A**	Dorsal Ombro Bíceps
Terça	Treino **B**	Peito Coxas
Quarta	Treino **C**	Gêmeos Abd. Tríceps
Quinta	Treino **A**	Dorsal Ombro Bíceps
Sexta	Treino **B**	Peito Coxas

* Começar a semana seguinte com o treino C, e a próxima com o treino B.

Esquema de sequência mensal de treino A – B – C:

	Segunda	Terça	Quarta	Quinta	Sexta
Semana 1	A	B	C	A	B
Semana 2	C	A	B	C	A
Semana 3	B	C	A	B	C

Em um treino dividido em 3, utilizamos 3 exercícios para cada grupo muscular grande, (de 4 a 5 no caso das coxas), e cada músculo pequeno é treinado com 1 ou 2 exercícios, dependendo da estrutura física e capacidade adaptativa de cada um.

Músculo/Grupo muscular	Quantidade de Exercícios
Peitoral	3
Dorsais	3
Coxas	4 ou 5
Bíceps	1 ou 2
Tríceps	1 ou 2
Panturrilhas	1 ou 2
Abdômen	1 ou 2
Glúteo	1 ou 2

Montagem dos exercícios seguindo o exemplo I:

Treino A - PEITO - BÍCEPS - ABDÔMEN

Exercício	Série	Repetições
Supino com barra	3	9 a 12 ou 12 a 15
Voador	3	9 a 12 ou 12 a 15
Fly inclinado (30°)	3	9 a 12 ou 12 a 15
Rosca barra W	3	9 a 12 ou 12 a 15
Rosca concentrada	3	9 a 12 ou 12 a 15
Abdominal máquina	3	9 a 12 ou 12 a 15
Abdominal livre	3	9 a 12 ou 12 a 15

Treino B - DORSAIS - TRÍCEPS - OMBROS

Exercício	Série	Repetições
Pulley alto	3	9 a 12 ou 12 a 15
Remada sentado	3	9 a 12 ou 12 a 15
Fly inverso	3	9 a 12 ou 12 a 15
Tríceps no pulley	3	9 a 12 ou 12 a 15
Tríceps corda	3	9 a 12 ou 12 a 15
Elevação lateral	3	9 a 12 ou 12 a 15
Desenvolvimento	3	9 a 12 ou 12 a 15

Treino C - COXAS - GLÚTEOS - GÊMEOS

Exercício	Série	Repetições
Leg press	3	9 a 12 ou 12 a 15
Cadeira extensora	3	9 a 12 ou 12 a 15
Cadeira flexora	3	9 a 12 ou 12 a 15
Cadeira adutora	3	9 a 12 ou 12 a 15
Cadeira abdutora	3	9 a 12 ou 12 a 15
Glúteo 4 apoios	3	9 a 12 ou 12 a 15
Gêmeos livre	3	9 a 12 ou 12 a 15

Essa divisão de treino 3 partes, seguindo 3 séries de 9 a 12, ou 3 séries de 12 a 15 repetições, pode ser seguida por aproximadamente 8 a 12 semanas, e, eventualmente até mais, dependendo da quantidade de vezes que o praticante irá treinar e também dos seus objetivos, e, claro, o fator motivacional.

Dentro desse período, (onde logicamente as cargas de trabalho já foram aumentadas em relação ao treino A e B), pode-se seguir a mesma metodologia, porém, periodicamente mudando os exercícios, para evitar adaptações muito prolongadas em uma mesma angulação de movimento.

Assim, após 1 mês, ou 1 ½ e meio de treino dividido em A, B e C, (4 a 6 semanas), troca-se todos os exercícios ou a maioria deles, para evitar estagnação de estimulação sobre os músculos treinados e para aumentar a motivação do praticante.

Exemplo de mudança de treino após 4 a 6 semanas, seguindo o exemplo I de divisão semanal de treino:

Treino A - PEITO - BÍCEPS - ABDOMINAL

Exercício	Série	Repetições
Supino inclinado	3	9 a 12 ou 12 a 15
Supino reto halteres	3	9 a 12 ou 12 a 15
Cross over	3	9 a 12 ou 12 a 15
Rosca direta no cabo	3	9 a 12 ou 12 a 15
Rosca alternada	3	9 a 12 ou 12 a 15
Abdominal c halteres	3	9 a 12 ou 12 a 15
Abdominal 2 tempos	3	9 a 12 ou 12 a 15

Treino B - DORSAIS - TRÍCEPS - OMBROS

Exercício	Série	Repetições
Voo curvo	3	9 a 12 ou 12 a 15
Remada no banco	3	9 a 12 ou 12 a 15
Pull over na máquina	3	9 a 12 ou 12 a 15
Tríceps no banco	3	9 a 12 ou 12 a 15
Tríceps coice no cabo	3	9 a 12 ou 12 a 15
Elevação frontal	3	9 a 12 ou 12 a 15
Encolhimento	3	9 a 12 ou 12 a 15

Treino C - COXAS - GLÚTEOS - GÊMEOS

Exercício	Série	Repetições
Leg press	3	9 a 12 ou 12 a 15
Agachamento hack	3	9 a 12 ou 12 a 15
Cadeira extensora	3	9 a 12 ou 12 a 15
Cadeira flexora vertical	3	9 a 12 ou 12 a 15
Glúteo na máquina	3	9 a 12 ou 12 a 15
Glúteo 4 apoios	3	9 a 12 ou 12 a 15
Gêmeos na máquina	3	9 a 12 ou 12 a 15

Novamente é bom frisar que essa série dividida em 3 pode ser mantida por um período de tempo muito variável, inclusive pode ser mantida sempre assim, dependendo dos dias de treino disponíveis e da intensidade. Normalmente só se divide o treino em 4, (A - B - C - D), quando o atleta tem pelo menos 4 dias da semana disponíveis para treinar, e quando o mesmo atinge um ótimo nível de intensidade no treinamento e maturidade/desenvolvimento muscular.

Capítulo IV

Avançando no treinamento

Após alguns meses de treino, alguns praticantes, principalmente aqueles interessados em maiores níveis de desempenho e melhores níveis de composição corporal, sentem necessidade de incremento nos seus treinamentos. Isso acontece tanto porque as séries tradicionais não surtem o mesmo efeito de meses atrás, quanto pela monotonia e estresse psicológico de se realizar o treino sempre de forma muito parecida, o que causa desmotivação a médio e longo prazos.

Então, após a fase inicial de adaptação, e as fases posteriores de treino **A, B, C,** o praticante pode necessitar de treinos mais intensos, acrescentando métodos mais avançados de treinamento, onde se foge da forma convencional de se executar séries e repetições, como as tradicionais séries na formatação de 3 séries de 10 ou 3 de 15 repetições.

Nesses casos é melhor dividir o treino em 4, ou até em 5 partes, (**A – B – C – D**, ou **A – B – C – D – E**). Esse procedimento destina-se a atletas com experiência de treino, bom desenvolvimento muscular e lastro fisiológico razoável, que disponham de pelo menos 4 dias por semana para realizar seus treinos. A proposta é intensificar o treino de tal forma que o músculo treinado obtenha melhor resposta de hipertrofia; nesse nível de intensidade, ele pode necessitar de 4 a 8 dias de descanso para total recuperação.

Com o passar dos meses, mesmo variando a faixa de repetições, (que tradicionalmente fica situada entre 6 e 30 repetições), e mesmo acrescentando mais séries e/ou mais exercícios, a musculatura treinada sofre adaptações a esse tipo de estímulo. Uma das formas de se quebrar a homeostase ainda mais, caso isso se faça necessário, além de modificar exercícios, cargas e repetições, é modificar a metodologia, ou seja, a forma de se treinar, mudando de forma radical alguns conceitos e configurações.

Além disso, há de se considerar que todos nós temos um limite fisiológico para ganhos de força. Após anos de treinamento, pode-se chegar a um platô difícil de ser rompido; isso acontece desde atletas recreativos até fisiculturistas e praticantes competidores de *powerlifting*, que passam por longos períodos de estagnação de ganho de força e hipertrofia. Como adicionar carga periodicamente aos exercícios é necessário para ganhos de hipertrofia e desempenho motor, na impossibilidade de aumentar ainda mais os pesos utilizados no treino, temos a alternativa de acrescentar uma metodologia diferenciada, para que o correto estímulo seja aplicado de forma que se continue a obter ganhos.

O atleta então não fica apenas na dependência de aumentar a carga dos exercícios para aumentar a massa magra e/ou atingir outros objetivos.

Exemplo de divisão semanal do treino A – B – C – D:

→ Segunda-feira: Treino A - Dorsal e ombro.

→ Terça-feira: Treino B - Coxas.

→ Quarta-feira: Treino C - Peitoral e tríceps.

→ Quinta-feira: Treino D - Bíceps, abdominal e gêmeos.

→ Sexta-feira: Treino A - Dorsal e ombro.

*	Seg.	Ter.	Quar.	Quin.	Sex.	Sáb.	Dom.
Semana 1	A	B	C	D	A	-	-
Semana 2	B	C	D	A	B	-	-
Semana 3	C	D	A	B	C	-	-

* Nesse exemplo treina-se 5 dias, seguidos por 2 dias de descanso.

Ou ainda:

*	Seg.	Ter.	Quar.	Quin.	Sex.	Sáb.	Dom.
Semana 1	A	B	-	C	D	A	-
Semana 2	B	C	-	D	A	B	-
Semana 3	C	D	-	B	C	D-	-

* Nesse exemplo, treina-se 2 dias, descansa-se 1 dia, e treina-se mais 3 dias, seguidos por mais 1 dia de descanso.

Exemplo de divisão semanal do treino A – B – C – D – E:

→ Segunda-feira: Treino A - Peitoral e abdominal.

→ Terça-feira: Treino B - Coxas - (anterior), e Gêmeos.

→ Quarta-feira: Treino C - Dorsal e bíceps.

→ Quinta-feira: Treino D - Ombro e tríceps.

→ Sexta-feira: Treino E - Coxas – (posterior), e Gêmeos.

*	Seg.	Ter.	Quar.	Quin.	Sex.	Sáb.	Dom.
Semana 1	A	B	C	D	E	-	-
Semana 2	A	B	C	D	E	-	-
Semana 3	A	B	C	D	E	-	-

* Nesse exemplo treina-se todos os dias de segunda a sexta sem intervalo, preservando o sábado e o domingo para o descanso total do corpo. Nessa divisão consegue-se um bom descanso de um dia para o outro, pois analisando os grupos musculares treinados, o treino de segunda não tem nada que possa interferir no treino de terça, o mesmo ocorrendo de terça para quarta; na quarta treina-se dorsais e bíceps, que não interferem de forma muito significativa quando o atleta for treinar ombros e tríceps na quinta, que por sua vez não tem influência nenhuma no treino de sexta.

Caso a divisão seja configurada de forma diferente, (ou mesmo nesse exemplo), pode-se ainda treinar dia sim dia não, já que o atleta pode sentir necessidade de maior recuperação entre os treinos, o que vai depender também do seu estilo de vida. Essa divisão a seguir é indicada para atletas que treinam com cargas altíssimas, (alta intensidade):

	Seg.	Ter.	Quar.	Quin.	Sex.	Sáb.	Dom.
Semana 1	A		B		C		D
Semana 2		E		A		B	
Semana 3	C		D		E		A
Semana 4		B		C		D	
Semana 5	E		A		B		C

Fatores de controle no treinamento:

Intervalos-repetições-exercícios-intensidade e volume

Considerações sobre o intervalo de tempo entre as séries:

O intervalo de tempo, (descanso), entre as séries de exercícios é um fator fundamental no treinamento de musculação, pois é ele quem regula, juntamente com a quantidade de sobrecarga utilizada, a intensidade do treinamento. Intervalos longos e curtos, determinam, respectivamente, menor e maior intensidade no treino.

Intervalos curtíssimos:

São intervalos menores do que 30 a 40 segundos, possibilitando, em treinos de alta intensidade, apenas uma recuperação parcial do ATP-CP utilizado durante os exercícios. Caso algum lactato seja produzido nessas séries, sua dissipação da musculatura e sangue também fica comprometida. Intervalos curtíssimos geralmente são utilizados em treinos de RML.

Intervalos curtos:

Entre maiores que 40 segundos e menores que 1 minuto, tem uma ampla variedade de aplicações, utilizados tanto em treino de adaptação, (onde a sobrecarga é baixa e exige menor tempo de recuperação), quanto em treinos tradicionais de hipertrofia muscular, (por volta de 1 minuto de descanso), até treinos que visam melhorar o processamento de ácido lático sanguíneo e muscular, e melhorar a potência aeróbia, (cardiovascular).

Intervalo médio:

Intervalos maiores que 1 minuto e até 2 minutos, algumas vezes utilizado em treinos avançados de hipertrofia muscular e também de força, já que as sobrecargas utilizadas exigem maior tempo de recuperação para se executar a próxima série com a mesma carga da série anterior, (recuperação dos substratos energéticos utilizados, metabolização do ácido lático produzido).

Intervalos longos:

Intervalos maiores que 2 minutos, por vezes até 4 ou 5 minutos, são intervalos necessários em treinos de força e força pura, onde as sobrecargas utilizadas pelo atleta são altíssimas, necessitando, portanto, da recuperação total do ATP-CP utilizado, para que se possa empregar novamente essas cargas nas próximas séries, caso contrário o treino perderia o propósito.

Esse intervalo permite ao atleta ressintetizar o sistema ATP-CP satisfatoriamente e também o sistema cardiovascular. Treinos de força e força pura não produzem ácido lático durante sua execução, (treino anaeróbio alático), portanto o intervalo longo se justifica apenas quanto ao aspecto de ressíntese de ATP; algum lactato pode vir a ser produzido durante a recuperação entre as séries, porém não de forma significativa a ponto de influenciar negativamente o treino. (Treinos com intervalos curtos e grande quantidade de repetições podem vir a produzir lactato numa quantidade de 10 a 20 vezes o valor de repouso, que gira em torno de 1mmol/L.)

Resumindo, respeitar o intervalo de descanso é fundamental para o sucesso do treinamento, e o seu correto planejamento é tão importante quanto à escolha da quantidade de séries, repetições, tipo de exercício e divisão semanal do treino. Atletas fisiculturistas não costumam ficar presos ao cronômetro, o parâmetro utilizado é o *feeling* de que já se está apto para executar a próxima série, parâmetro esse adquirido após muitos anos de treinamento contínuo, sendo muitas vezes mais fidedigno às necessidades reais do atleta, por ser biológico e não matemático.

Considerações sobre a faixa de repetições:

A faixa de repetições a ser utilizada ainda é uma questão que permite polêmicas e discussões entre atletas e profissionais da área, já que cada atleta responderá de forma diferente a uma determinada contagem. Não existe uma numeração cientificamente exata, uma contagem fixa, a respeito de quantas repetições produziriam este ou aquele efeito na musculatura esquelética a elas submetida; o que existe é uma diretriz a respeito das repetições mais indicadas para cada objetivo almejado.

Estudos e observações empíricas nos dão uma noção sobre que faixa de repetições seria a mais adequada para desenvolvermos as diversas qualidades físicas passíveis de serem treinadas. A observação do que ocorre com o corpo, de acordo com cada faixa de repetições, (em termos de composição corporal e desempenho), deve ser experimentada, para que cada praticante aprenda o que funciona melhor para si, em função do seu tipo de metabolismo e estrutura somatotípica.

Repetições menores e com sobrecarga mais elevada são conhecidas por estímulos tensionais, e teoricamente induzem predominantemente à uma hipertrofia estrutural, (miofibrilar), ou seja, componentes protéicos do músculo. Repetições maiores, com sobrecarga mais baixa, são conhecidas como estímulos metabólicos, e enfatizam uma hipertrofia dos componentes não estruturais do músculo, como por exemplo glicogênio e água, (componentes sarcoplasmáticos), e proliferação mitocondrial.

Toda essa teoria, de como ocorrem os processos de hipertrofia muscular em função da faixa de repetições empregadas, ainda carece de melhores comprovações científicas, pois alguns estudos mostram que ocorre pouca diferença quanto aos tipos de hipertrofia, ou que não ocorre diferença nenhuma, independente do tipo de treino adotado.

Pode ser que estímulos "metabólicos" e estímulos "tensionais" tenham alguma diferenciação, mas que não é assim tão significativa.

As faixas de repetições, salvo algumas pequenas variações, no geral compreendem:

→ Endurance: Acima de 25/30 repetições.

→ Resistência muscular localizada: Entre 15/25 repetições.

→ Hipertrofia: Entre 6 a 12 repetições.

→ Força: Entre 4 e 6 repetições.

→ Força pura: Entre 1 a 3 repetições.

→ Faixas de repetições intermediárias ou de transição: São as contagens intermediárias entre uma capacidade física e outra, que podem desenvolver as duas ao mesmo tempo. Por exemplo, um treino de alta intensidade de 6 repetições promove melhoria tanto no aspecto da hipertrofia muscular quanto no aspecto do aumento da força. Um treino de 20 repetições pode promover melhoria nos aspectos de hipertrofia e resistência muscular localizada.

Alguns músculos são compostos por um percentual acentuadamente maior de fibras oxidativas, (fibras vermelhas), do que outros, como é o caso das panturrilhas, abdômen e musculatura do antebraço. Estes parecem responder melhor a uma faixa mais elevada de repetições, (20 ou mais repetições), havendo portanto uma tendência de se utilizá-las com maior frequência em relação aos demais músculos.

A faixa de repetições, pura e simplesmente, não é um indicativo de que o objetivo do treino vai ser cumprido com a máxima eficiência, pois o ponto que deve ser levado em consideração, que é ainda mais importante, é a intensidade do treino.

Considerações sobre a intensidade do treino:

Intensidade é um fator qualitativo; se refere ao percentual de carga relativo a cada faixa de repetições que é utilizado em cada exercício. É um parâmetro referente ao esforço empregado pelo atleta em vencer a resistência imposta aos músculos através dos exercícios.

A intensidade é o fator que vai regular os resultados obtidos pelo praticante, já que os músculos não podem contar, eles reagem à intensidade, que é um fator biológico, e não a um fator matemático, que é a contagem numérica: reagem com a interação das repetições executadas e da sobrecarga utilizada, ou seja, em última análise a intensidade tem mais influência no sucesso do treinamento do que a faixa de repetições.

Todas as faixas de repetições apresentam benefícios em termos de desempenho e composição corporal, elas apenas direcionam aonde o resultado será mais evidente, (hipertrofia, RML, força, etc.).

Analisando por exemplo a faixa de hipertrofia, que gira em torno de 6 a 12 repetições, se um atleta é capaz de realizar 3 séries de 10 repetições com 100 kg no supino, mas ao invés disso realiza as mesmas 3 séries com apenas 80 kg, ocorre um mal aproveitamento do seu potencial, pois treinou com apenas 80% da sua capacidade máxima de trabalho para esse exercício. Então, não é por ter treinado com 6, 8, 10 ou 12 repetições, (teoricamente a melhor faixa para hipertrofia), que ele vai ter essa resposta; a intensidade na qual ele utiliza essas repetições é que vai determinar o nível de condicionamento, lesão pós-treino e subsequente hipertrofia muscular.

Pode ser que um outro atleta, realizando essas mesmas 3 séries, porém utilizando 20 repetições, (que teoricamente não é a melhor faixa de repetições para hipertrofia), mas que utiliza 100% do seu potencial de força para essas 20 repetições, (100% de intensidade), consiga melhor resposta quanto à hipertrofia. Enfatizando: não são as repetições, e sim a intensidade, o fator mais importante para regular os ganhos que um atleta almeja obter! O músculo reage à intensidade, e não a números!

Seguindo a mesma linha de raciocínio, um atleta que treina hipertrofia com 100% de intensidade, obviamente terá a sua força pura aumentada, e pode ocorrer que esta aumente em magnitude superior à de outro atleta que por sua vez treina força pura, mas em intensidade inadequada.

Nesse aspecto, há de se considerar que nem sempre é adequado e produtivo se aplicar 100% de intensidade em um treinamento, seja lá qual for a faixa de repetições utilizada e o objetivo a ser alcançado. O atleta que não periodiza e treina sempre no seu limite se expõe aos sintomas do *overtraining* e certamente irá sofrer lesões ortopédicas. Além disso, com o passar das semanas irá ocorrer estagnação dos resultados e mesmo queda no desempenho motor.

É muito importante a correta periodização do treinamento, onde se planeja períodos de maior e menor intensidade, possibilitando ao atleta continuar a treinar e a obter resultados, se preservando de lesões, ou ao menos diminuindo a ocorrência e a magnitude dessas.

Considerações sobre as variações de exercícios:

Num programa de treinamento, além das variações quanto ao número de séries e repetições, intervalo de tempo entre as séries e divisão semanal dos grupos musculares, temos ainda que considerar as diversas formas de exercícios a que se pode submeter um músculo.

Embora a intensidade e o volume de treinamento tenha maior peso no sucesso do treinamento, a escolha dos exercícios também tem sua parcela de influência. Cada músculo ou grupos musculares apresentam certas características biomecânicas, em função de fatores como origem e inserção e limitações articulares ao movimento.

A escolha dos exercícios deve seguir alguns critérios:

➔ **Preferência individual**, pois cada pessoa possui uma anatomia própria, o que facilita ou dificulta certos movimentos, tornando certas alavancas mais fáceis ou mais difíceis. Além disso há o fator puramente psicológico, algumas pessoas simplesmente não gostam de realizar certos exercícios, que podem muito bem serem substituídos por outros, sem prejuízo quanto a eficácia do treinamento.

→ **Angulação na qual o exercício vai incidir sobre determinado músculo**, procurando sempre variar periodicamente essa angulação, o que é psicológica e fisiologicamente vantajoso. Também deve-se evitar escolher exercícios muito parecidos num mesmo dia de treino, como por exemplo, num treino de costas, remada cavalinho, remada no banco com halteres e remada no *pulley*. A variação angular também é importante quando se quer preservar uma lesão músculo/articular que porventura o atleta apresente.

Um ombro lesionado que dói durante a execução do supino inclinado, poderá ser poupado substituindo o exercício por supino reto, por exemplo, ou então utilizando um outro exercício para peitoral com alavanca totalmente diferente.

→ **Eficiência dos exercícios escolhidos** quanto ao recrutamento de fibras musculares. Quando o músculo se contrai em determinado exercício, ele produz uma atividade elétrica que pode ser mensurada através de teste eletromiográfico (eletromiografia de superfície). Com esse conhecimento, utiliza-se em um microciclo de maior intensidade, exercícios que têm maior ação de recrutamento de fibras musculares, e em um microciclo de menor intensidade, como um microciclo regenerativo, exercícios de ação excitatória mais branda.

Geralmente a escolha dos exercícios não é baseada nesse critério de recrutamento de fibras musculares, muitas vezes não utiliza critério algum, mas pode ser um fator interessante, inclusive para se explicar parte da dor muscular tardia pós-treinamento, quando se mantém o mesmo método de treino e mesma intensidade de sobrecarga, mas são mudados os exercícios do programa de treino.

Aparentemente alguns exercícios são iguais, principalmente quanto ao movimento, já que certos músculos, como o bíceps, tem uma alavanca simples e limitada de movimento, por apresentarem apenas uma origem e uma inserção. Assim, a lógica levaria a pensar que qualquer tipo de rosca para o bíceps braquial é a mesma coisa, afinal o movimento é sempre a flexão do antebraço sobre o braço, (com pequenas variações quanto à pegada, que pode ser mais aberta ou mais fechada, e quanto à amplitude, descendo mais ou menos a barra/halter). De certa forma esse pensamento é correto, mas temos algumas considerações a fazer.

Ao se analisar o teste eletromiográfico de diferentes exercícios para um mesmo músculo, nos deparamos com significativas diferenças quanto ao recrutamento de fibras musculares.

Ainda utilizando o bíceps como exemplo, enquanto a rosca Scott com barra "W" consegue uma ativação de 90%, a tradicional rosca direta com barra reta consegue 86%, caindo para 80% na rosca concentrada e para 61% na rosca direta com barra "W" feita com pegada aberta.

Essas variações quanto ao recrutamento de unidades motoras ocorrem em todos os exercícios para diferentes músculos. Sendo assim, o exercício escolhido tem sua influência no grau de intensidade e eficiência de um programa de treinamento de musculação.

Considerações sobre o volume de treino:

O volume de treino é um aspecto quantitativo, (refere-se à quantidade de exercícios, séries e repetições), e é um dos fatores determinantes do sucesso ou fracasso do programa de treino. Não existe um volume ideal a ser indicado para cada somatotipo de atleta, pois a individualidade biológica influencia bastante nesse aspecto. O correto volume de treinamento é mensurado mediante processo de tentativa e erro, mas obviamente respeita certos parâmetros.

O que se sabe é que o volume de treino deve ser aplicado inversamente à intensidade, (sobrecargas utilizadas), portanto, quanto maior o lastro fisiológico do atleta, (anos de prática), maiores serão as sobrecargas manipuladas, e menor será a duração das sessões de treinamento, quantidade de séries e exercícios, (volume).

Relação Volume × Intensidade nas diferentes fases de treino:

	Adaptação	Fase Intermediária	Fase Intermediária II	Fase Avançada
Volume	Baixo	Médio	Médio/Baixo	Baixo/ Baixíssimo
Intensidade	Baixa	Médio	Alta	Altíssima

A frequência com que um atleta treina, bem como a duração dos treinos, também são fatores determinantes quanto ao anabolismo ou catabolismo conseguido por ele. Alta frequência semanal, conjugada com treinos de longa duração, (mais de 45/50 minutos para treinos de alta intensidade), são altamente catabólicos e propiciam maior ocorrência de lesões.

Portanto, em níveis mais avançados, deve-se realizar de 4 a 6 treinos semanais, respeitando corretamente a recuperação do atleta, intervalando a frequência com que cada músculo é treinado, a cada 5, 7 ou 10 dias, (quanto mais intensamente um músculo é treinado, maior deve ser o intervalo até ele ser estimulado novamente de forma direta).

A recuperação é o ponto onde o músculo se reconstituiu 100% e talvez supercompensou, tornando-se apto a passar novamente pelo processo catabólico do treinamento. Cada atleta vai ter um tempo para que a recuperação e a supercompensação ocorram, tempo este que vai variar em função das condições nutricionais, condições de repouso, (sono, descanso muscular apropriado), e secreção de hormônios anabólicos, (testosterona, hormônio do crescimento e insulina).

Estimular novamente um músculo ou grupo muscular, sem que antes todos esses processos anabólicos se completem, é prática muito comum entre praticantes de musculação, sendo um procedimento altamente catabólico e indutor de lesões de variadas magnitudes.

Periodização

Periodização se refere à correta manipulação da frequência e da intensidade do treinamento, em concordância com os objetivos a serem alcançados. É a elaboração de cada fase do treino, onde os microciclos se encaixam para compor o macrociclo de forma que esses objetivos sejam atingidos da forma mais eficiente e segura possível. O estudo da periodização como um todo é assunto muito abrangente e o objetivo aqui é apenas abordá-la em linhas gerais.

Para se periodizar corretamente deve-se ter em mente as principais etapas de um programa de treino. Cada uma delas tem uma abordagem própria e algumas diretrizes a serem seguidas.

Basicamente, essas fases compõem:

→ **Fase de Adaptação:** Período que compreende o aprendizado técnico dos exercícios de musculação e a preparação dos tecidos muscular, ósseo e tendíneo aos esforços do treinamento de alta intensidade das fases posteriores.

→ **Fase de Hipertrofia:** Fase onde se busca desenvolver ao máximo a massa muscular do atleta, não necessariamente se preocupando com demais aspectos da composição corporal, (percentual de gordura), utilizando para tanto combinações de exercícios e métodos de treino.

→ **Fase de Força:** Período onde se busca aumentar a força máxima do atleta, permitindo que ele retorne a fase de hipertrofia apto a treinar com uma sobre-carga mais elevada.

→ **Fase de Definição:** Fase onde através da manipulação de fatores dietéticos, o atleta irá reduzir o seu percentual de gordura corporal, evitando ao máximo perda de massa magra. Normalmente a dieta hipocalórica torna necessária a redução das cargas de treinamento, sem prejuízo quanto à configuração do treino de hipertrofia, (nessa fase recomendamos mudar apenas o aspecto da dieta, e não do treino em si, salvo a mudança nas sobrecargas utilizadas).

→ **Fase de Transição:** É o período de transição entre as demais fases citadas, servindo de "emenda" entre uma fase e outra, evitando-se com isso transições bruscas de estímulos, (metodologia). Por exemplo, se na fase de hipertrofia foi utilizada uma contagem em torno de 12 repetições, e a fase seguinte será a de força, em torno de 5 repetições, pode-se incluir um microciclo adaptativo de 1 ou 2 semanas entre elas, utilizando algo em torno de 8 a 9 repetições.

→ **Fase de Regeneração:** Fase onde a intensidade e / ou o volume de treino são reduzidos, permitindo recomposição fisiológica e psicológica do atleta. Fase utilizada ao final de um mesociclo ou macrociclo completo, quando teoricamente o atleta já rendeu seu máximo nas fases anteriores e está depletado em muitos aspectos, necessitando se recompor para um novo macrociclo.

A duração de cada uma dessas fases irá depender de fatores como objetivos, ocorrência de lesões e potencial anabólico individual. A permanência em cada fase, assim com a permanência em cada método de treino, é mantida basicamente enquanto o atleta obtém resultados com ela. Pode-se passar imediatamente da fase de hipertrofia para a fase de força, ou da fase de hipertrofia para a de definição, sem passar necessariamente pelos microciclos de transição, caso se queria dar um estímulo mais forte e dependendo de como cada indivíduo reage.

Periodizando de forma básica na musculação

Basicamente pode-se considerar duas formas de se periodizar a intensidade do treinamento, considerando a frequência do atleta/praticante na academia: De 2 a 3 vezes por semana e de 4 a 6 vezes por semana.

Quando se treina de 2 a 3 vezes por semana, a periodização da intensidade de treinamento deve ser semanal, alternando semanas de alta intensidade com semanas de média intensidade. Como a frequência não é muito alta, não há necessidade de se planejar semanas de baixa intensidade, pois ocorre tempo de descanso suficiente para haver supercompensação, já que de 7 dias da semana, o atleta treina no máximo 4 dias, tendo assim pelo menos 3 dias para a recuperação.

Exemplo de Periodização Semanal:

– Treino realizado 2 a 4 vezes por semana –

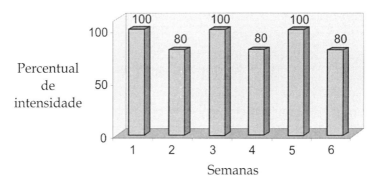

Nesse exemplo temos uma periodização de intensidade que varia a cada semana, alternando 1 semana com 100% de intensidade com 1 semana com 80% de intensidade, o que resulta numa média mensal de treino com 90% de intensidade, o que é geralmente bem aceito fisiologicamente pelo atleta, já que o mesmo treina de 3 a 4 vezes por semana, tendo portanto de 3 a 4 dias para descanso total.

Com essa média de descanso, a intensidade sempre é mantida em níveis altos, considerando que a recuperação deve ser muito boa.

Quando se treina de 4 a 6 vezes por semana, a periodização da intensidade de treinamento pode ser semanal ou pode ser diária. A periodização semanal mescla semanas de alta, média e baixa intensidade, enquanto a periodização diária mescla dias de alta, média e baixa intensidade.

Exemplo de Periodização Semanal:

– Treino realizado 5 a 6 vezes por semana –

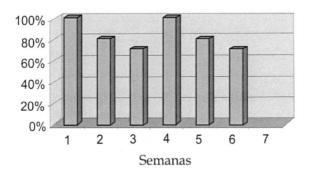

Semanas de 100, 80 e 70% de intensidade são distribuídas ao longo dos meses, garantindo uma média de aproximadamente 80% de intensidade durante o período. Outras intensidades talvez um pouco mais elevadas também podem ser experimentadas, como semanas de 100, 90 e 80% de intensidade, com média de 90% de intensidade, bem como intensidades de 85, 80 e 75%, com média de 80% de intensidade, dependendo das capacidades de absorção de treino ou necessidades recuperativas de cada atleta.

Exemplo de Periodização Diária:

– Treino realizado 5 a 6 vezes por semana –

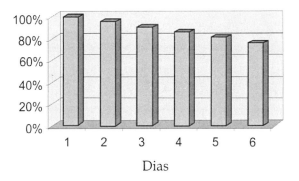

Nesse exemplo temos uma periodização de intensidade que varia a cada dia, considerando que o atleta treina de 5 a 6 dias na semana e estará progressivamente mais esgotado a cada dia de treino, por causa da alta demanda imposta pela intensidade elevada, mesmo treinando músculos diferentes a cada dia, (afinal seu sistema endócrino, cardiovascular e fator psicológico não sofre descanso algum), além do quê, mesmo treinando um grupo muscular diferente a cada dia, ainda assim não ocorre uma divisão tão precisa, devido às ações dos músculos sinérgicos, ou seja, o músculo nunca estará 100% descansado.

Daí a necessidade de se abaixar a intensidade a cada dia de treino, sendo que o treino do 6º dia será o menos intenso, porém, na semana seguinte, o que se faz é inverter o esquema de intensidade para garantir igualdade de estímulos para todos os grupamentos musculares:

Intensidade dos dias de treinamento

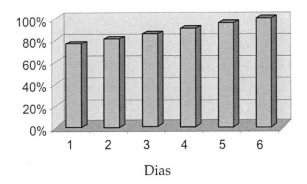

Dessa forma, o mesmo músculo ou grupo muscular que foi treinado no 6º dia da semana anterior com intensidade de 75%, deverá ser treinado com 100% de intensidade.

SEMANA 1		SEMANA 2	
Grupo muscular	Intensidade	Grupo muscular	Intensidade
Dia 1 - Peitoral	100%	Dia 1 - Bíceps e Tríceps	100%
Dia 2 - Coxa Anterior e Deltóide porção Clavicular	95%	Dia 2 - Coxa posterior, Panturrilhas e Deltóide porção Espinal	95%
Dia 3 - Abdômen e Deltóide porção Acromial	90%	Dia 3 - Dorsal	90%
Dia 4 - Dorsal	85%	Dia 4 - Abdômen e Deltóide porção Acromial	85%
Dia 5 - Coxa posterior, Panturrilhas e Deltóide porção Espinal	80%	Dia 5 - Coxa Anterior e Deltóide porção Clavicular	80%
Dia 6 - Bíceps e Tríceps	75%	Dia 6 - Peitoral	75%

Periodicamente deve-se mudar os grupos musculares em relação aos dias da semana, garantindo assim uniformidade na distribuição de intensidade para cada um deles.

Capítulo V

Métodos de treinamento em musculação

Os métodos de treinamento em musculação provavelmente existem desde que a modalidade de se levantar pesos foi descoberta na Antiguidade como forma de hipertrofiar a musculatura esquelética e melhorar o desempenho motor. Ao longo das décadas do século passado, atletas de renome, professores e praticantes ao redor do mundo criaram, testaram e aplicaram esses métodos neles mesmos e em seus atletas.

Alguns métodos e exercícios, pelo seu grau de risco e ineficácia, foram descartados, sendo que pesquisas científicas atuais e a observação empírica nos dão uma base de segurança para a maioria dos métodos aplicados atualmente.

Alguns desses métodos de treinamento são conhecidos como "princípios Weider de treinamento".

Isso se deve ao trabalho de Joe Weider, norte-americano entusiasta e empresário do fisiculturismo, ex-fisiculturista e um dos criadores da indústria do *fitness* norte-americana. Weider, que treina atletas de fisiculturismo desde 1936, catalogou, nomeou e difundiu os principais métodos de treinamento utilizados pelos grande expoentes da musculação mundial.

Ele é autor de livros e apostilas que foram e são usados no mundo inteiro, como *Joe Weider Bodybuilding System*, onde ensina métodos e procedimentos utilizados por grandes campeões, desde Larry Scott e Sergio Oliva, até Arnold Schwarzenegger e Dorian Yates. Através dos atletas do seu *"team"*, também disponibilizou ao mundo vídeos de treinamento abrangendo desde técnicas básicas a princípios avançados, bem como vídeos sobre nutrição desportiva voltada para o fisiculturismo e utilização de equipamento individual, como cinturões, tensores para articulações e bandagens, *straps*, etc.

Logicamente, esses métodos, (princípios Weider e outros, que não necessariamente são criação ou catalogação dele), visam impor um estresse adicional sobre a musculatura esquelética, visando melhores resultados estéticos e de desempenho motor. Sendo assim, é óbvio que ocorre uma maior exigência dos sistemas cardiorrespiratório, músculo-esquelético e neuro-endócrino, e portanto, exigem também maior atenção no aspecto nutricional e no fator de recuperação do atleta. Deve-se ter muito critério na escolha de qual método vai ser aplicado para determinado indivíduo, pois com já foi abordado anteriormente, além de não serem adequados para iniciantes, esses métodos podem apresentar um fator de risco para hipertensos, cardiopatas, diabéticos e portadores de determinadas patologias, além é claro, das faixas etárias mais sensíveis ao treinamento intenso, como crianças, pré-adolescentes e idosos.

Cabe aqui novamente a advertência quanto ao bom senso do educador físico ao prescrever esses métodos. Quanto mais intenso o método aplicado, maior será o tempo de recuperação exigido entre as sessões de treino, maior será a demanda orgânica e claro, maiores serão as necessidades nutricionais para suprir todo esse esforço.

Existe uma variedade muito grande para se manipular o treino, isso pode ser feito ajustando-se o intervalo entre as séries, modificando a contagem das repetições, variando os exercícios executados e aumentando a sobrecarga. Por causa desses fatores, muitas vezes os métodos de treino se tornam catabólicos se aplicados de forma sistemática. Para evitar esse revés, deve-se sempre monitorar através da avaliação física os aspectos funcionais e de composição corporal do atleta, e através do bom senso e observação, detectar fatores negativos como processos inflamatórios nas articulações e dores musculares muito fortes durante muitas semanas contínuas.

É nessa fase de treino intenso que a individualidade biológica tem maior importância, então deve-se considerar o biotipo, o estilo de vida e o perfil psicológico de cada atleta, antes de se prescrever o treinamento.

Uma estratégia geral de periodização seria utilizar entre esses métodos um período de treino menos intenso, (sem métodos de treinos avançados), chamado de microciclo regenerativo, para propiciar ao atleta um descanso adequado e evitar lesões. Para tanto, as tradicionais 3 séries de 10 ou 12 repetições, com intensidade média/baixa, podem ser uma boa opção.

Também deve-ser ter uma certa coerência ao realizar a transição de um método para o outro, pois não faz sentido sair de um método de força pura, (3 repetições), e passar na semana seguinte para um método de resistência, (utilizando por exemplo a contagem por tempo de 50 segundos de repetições contínuas), sem que ao menos seja realizado um treino de transição ou um microciclo regenerativo entre eles.

Entretanto, esse procedimento de se passar de um método de treino para outro totalmente diferente e oposto pode ser válido em algumas situações como método de choque, já que a solicitação vai ser mais intensa sem um método intermediário entre esses dois treinos. Enfim, cada caso e cada atleta é único, e o método da tentativa e erro, em concordância com a experiência do atleta e do personal trainer, além do bom senso, é que irão ditar o melhor caminho a ser seguido.

Além disso, talvez a cada 3 ou 4 meses seja aconselhável parar totalmente com os treinamentos por um período de 4 a 7 dias, propiciando 100% de recuperação para o corpo, (sistema cardiovascular, neuroendócrino e músculo-esquelético). Durante esses dias, o atleta se recupera física e psicologicamente do estresse do treinamento realizado nos meses anteriores.

É bom frisar novamente, devemos ter em mente que alguns fatores são de difícil previsibilidade, o que pode mudar o cronograma de treinamento planejado anteriormente: lesões e dores inesperadas, refeições não realizadas ao longo do dia, noites mal dormidas, ou mesmo algum estresse psicológico. Esse fatores comprometem a performance do atleta e obrigam a uma mudança repentina no treinamento, (exercícios, volume e intensidade).

Principais métodos de treino:

Pirâmide decrescente – sobrecarga constante:

Esse nome se refere ao número de repetições, (decrescente), de um determinado exercício, que deve ser diminuído a cada série. Ao invés de 3 séries de 10, (ou qualquer outra faixa de repetições), a contagem das repetições decresce dentro de um mesmo exercício, para uma sobrecarga e um intervalo sempre constantes.

Por exemplo, série de peitoral e bíceps, executando-se 3 séries piramidais decrescentes:

Exercício	Séries	Repetições*	Carga*	Intervalo*
Supino inclinado	3	13, 10 e 7	60 kg	1'
Supino reto	3	13, 10 e 7	60 kg	1'
Voador	3	13, 10 e 7	8 placas	1'
Rosca scott	3	13, 10 e 7	24 kg	1'
Rosca polia	3	13, 10 e 7	6 placas	1'

* A faixa de repetições, o percentual de carga e o intervalo de descanso entre as séries e entre os exercícios podem ser alterados de acordo com os objetivos de cada atleta, sempre respeitando a ordem decrescente de série para série.

Esse tipo de pirâmide leva em consideração que o cansaço é acumulativo, e diminuindo as repetições, mesmo com uma sobrecarga constante, o esforço feito pelo atleta é quase que o mesmo em todas as séries. A carga de trabalho deverá promover uma intensidade de 90% a 100%, (90% a 100% de intensidade para determinado número de repetições, e não em relação a carga máxima), pois intensidades mais leves tornarão as últimas séries muito fáceis e não serão muito efetivas, não cumprirão o objetivo, já que a cada série se executa 3 repetições a menos, com a mesma carga.

Alguns autores consideram a carga de treino, e não o número de repetições, para denominar as nomenclaturas do tipo "crescente" ou "decrescente". Preferimos nos referir ao número de repetições, que é o que fica mais evidente e de mais fácil entendimento.

Pirâmide decrescente – sobrecarga crescente:

Nesse método, o número de repetições continua decrescendo a cada série, porém a carga deve ser inversamente proporcional a elas, ou seja, a carga aumenta a cada série, o que torna esse método mais intenso do que o anterior, (pirâmide decrescente com carga constante). Esse tipo de pirâmide proporciona um bom aquecimento gradual, para que a musculatura se prepare para manipular sobrecargas elevadas.

Exemplo de treino de peitoral e bíceps com carga crescente:

Exercício	Séries	Repetições	Carga	Intervalo
Supino inclinado	3	**13, 10 e 7**	60, 62, 64 kg	1'
Supino reto	3	**13, 10 e 7**	60, 62, 64 kg	1'
Voador	3	**13, 10 e 7**	8, 9 e 10 placas	1'
Rosca scott	3	**13, 10 e 7**	24, 26, 28 kg	1'
Rosca polia	3	**13, 10 e 7**	6, 7 e 8 placas	1'

Pirâmide crescente – sobrecarga constante:

A pirâmide crescente com sobrecarga constante é inversa à decrescente de carga constante, ou seja, a cada série executada aumenta-se o número de repetições executadas pelo atleta, com a mesma carga e o mesmo intervalo.

Exercício	Séries	Repetições*	Carga*	Intervalo*
Supino inclinado	3	**7, 10 e 13**	64 kg	1'
Supino reto	3	**7, 10 e 13**	64 kg	1'
Voador	3	**7, 10 e 13**	10 placas	1'
Rosca scott	3	**7, 10 e 13**	28 kg	1'
Rosca polia	3	**7, 10 e 13**	8 placas	1'

* Também aqui, a faixa de repetições, o percentual de carga aplicado e o intervalo de recuperação entre as séries e entre os exercícios podem ser alterados, de acordo com os objetivos de cada atleta, sempre respeitando a ordem crescente de série para série.

Nesse tipo de pirâmide, a intensidade aumenta a cada série, já que além do cansaço ser acumulativo, após cada série ainda se aumenta mais 3 repetições na série seguinte, (essas 3 repetições é um número hipotético).

Pirâmide crescente – sobrecarga decrescente:

Mesmo raciocínio da pirâmide crescente de carga constante, só que a cada série, onde as repetições aumentam, a carga é diminuída, em virtude do maior número de repetições a serem executadas.

Esse é um método menos intenso do que a pirâmide crescente de carga constante, já que nela a carga diminui a cada série executada, enquanto na outra pirâmide ela se mantém constante.

Exercício	Séries	Repetições	Carga	Intervalo
Supino inclinado	3	**7, 10 e 13**	64, 62, 60 kg	1'
Supino reto	3	**7, 10 e 13**	60, 54, 60 kg	1'
Voador	3	**7, 10 e 13**	10, 9 e 8 placas	1'
Rosca scott	3	**7, 10 e 13**	28, 26, 24 kg	1'
Rosca polia	3	**7, 10 e 13**	8, 7 e 6 placas	1'

Pirâmide mista:

A pirâmide mista combina a pirâmide decrescente e a crescente, numa mesma série de exercício, variando de carga entre as séries, que crescem e decrescem, ou decrescem e crescem entre elas, com uma sobrecarga constante.

Exemplo I - 3 séries, de 12, 8 e 12 repetições:

Exercício	Séries	Repetições	Carga	Intervalo
Supino inclinado	3	**12, 8 e 12**	60 kg	1'
Supino reto	3	**12, 8 e 12**	60 kg	1'
Voador	3	**12, 8 e 12**	9 placas	1'
Rosca scott	3	**12, 8 e 12**	26 kg	1'
Rosca polia	3	**12, 8 e 12**	7 placas	1'

Exemplo II - 3 séries, de 8, 12 e 8 repetições:

Exercício	Séries	Repetições	Carga	Intervalo
Supino inclinado	3	**8, 12 e 8**	60 kg	1'
Supino reto	3	**8, 12 e 8**	60 kg	1'
Voador	3	**8, 12 e 8**	9 placas	1'
Rosca scott	3	**8, 12 e 8**	26 kg	1'
Rosca polia	3	**8, 12 e 8**	7 placas	1'

Exemplo III* - 4 séries, de 12, 8, 12 e 8 repetições:

Exercício	Séries	Repetições	Carga	Intervalo
Supino inclinado	3	**12, 8, 12 e 8**	60 kg	1'
Supino reto	3	**12, 8, 12 e 8**	60 kg	1'
Voador	3	**12, 8, 12 e 8**	9 placas	1'
Rosca scott	3	**12, 8, 12 e 8**	26 kg	1'
Rosca polia	3	**12, 8, 12 e 8**	7 placas	1'

* Nessa configuração, a 1ª e a 3ª séries são as mais intensas, a 2ª a menos intensa, e a 4ª, apesar de ser igual à 2ª, é de intensidade média, justamente por ser a última, (considerando a fadiga localizada acumulativa).

Exemplo IV* - 4 séries, de 8, 12, 8, 12 e 8 repetições:

Exercício	Séries	Repetições	Carga	Intervalo
Supino inclinado	3	**8, 12, 8 e 12**	60 kg	1'
Supino reto	3	**8, 12, 8 e 12**	60 kg	1'
Voador	3	**8, 12, 8 e 12**	9 placas	1'
Rosca scott	3	**8, 12, 8 e 12**	26 kg	1'
Rosca polia	3	**8, 12, 8 e 12**	7 placas	1'

* Nesse exemplo de 4 séries, a 1ª e a 3ª séries são menos intensas, a 2ª de média intensidade e a 4ª é a mais intensa, por ser de contagem mais longa e por ser a última.

Pirâmide de tempo decrescente:

Nesse método as séries são mantidas iguais quanto ao número de repetições, havendo manipulação do intervalo de descanso entre uma série e outra, de forma decrescente. O tempo de intervalo a ser decrescido vai variar em função do tipo de capacidade que se pretende desenvolver, bem como da capacidade de cada atleta.

Intervalos caracteristicamente mais curtos funcionam melhor para objetivos de resistência muscular localizada, e intervalos maiores funcionam melhor para objetivos de hipertrofia e força. Apesar disso, como o diferencial desse método é justamente o intervalo, ele é essencialmente mais curto do que os intervalos convencionais.

Pode ser uma boa alternativa para atletas que dispõem de pouco tempo para realizar seus treinos, já que os intervalos decrescentes garantem um aumento progressivo de intensidade ao longo das séries.

Exemplo de intervalo curtíssimo numa série de bíceps:

Exercício: Rosca scott, 4 séries de 8 a 10 repetições.
Da 1ª série para a 2ª: 30 segundos de intervalo.
Da 2ª série para a 3ª: 20 segundos de intervalo.
Da 3ª série para a 4ª: 10 segundos de intervalo.

Exemplo de intervalo curto:

Da 1ª série para a 2ª: 1 minuto de intervalo.
Da 2ª série para a 3ª: 50 segundos de intervalo.
Da 3ª série para a 4ª: 40 segundos de intervalo.

Pirâmide de tempo crescente:

Manipula-se o tempo de descanso de forma que ele seja aumentado progressivamente a cada série realizada. Normalmente ocorre um acréscimo de tempo que varia de 10 a 25 segundos a cada série, em concordância com os objetivos do atleta.

Nesse tipo de pirâmide o esforço é menor do que na pirâmide de tempo decrescente, já que para uma mesma sobrecarga de trabalho, o intervalo aumenta a cada série.

Exemplo de intervalo crescente numa série de dorsais:

Exercício: Remada na máquina, 5 séries de 8 a 10 repetições.

Da 1ª série para a 2ª: 10 segundos de intervalo.

Da 2ª série para a 3ª: 25 segundos de intervalo.

Da 3ª série para a 4ª: 40 segundos de intervalo.

Da 4ª série para a 5ª: 55 segundos de intervalo.

Pirâmide espelhada – decrescente/crescente.

Esse método propõe a execução de uma pirâmide de série decrescente de repetições seguida por uma série crescente, para um mesmo exercício.

Exemplo de repetições utilizadas nessa pirâmide:

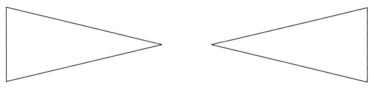

12 - 10 - 8 - 6 - 6 - 8 - 10 - 12

ou

20 - 15 - 10 - 5 - 5 - 10 - 15 - 20

(grandes grupos musculares)

ou

10 - 8 - 6 - 6 - 8 - 10

ou

6 - 4 - 3 - 3 - 4 - 6

(pequenos grupos musculares)

Menos exercícios serão executados nos exemplos acima, já que são executadas de 6 a 8 séries por exercício, (considerando que um treino convencional utiliza 3 a 4 séries por exercício).

Assim, em um treino convencional de peitoral, enquanto realizamos por exemplo:

Exercício	Séries	Repetições
Supino reto	3	8 a 10
Supino inclinado	3	8 a 10
Voador	3	8 a 10

Número total de séries: 9.

Nessa pirâmide, realizamos apenas 1 exercício no caso, o supino, (grupo muscular grande):

Exercício	Séries	Repetições
Supino reto	8	12 - 10 - 8 - 6 - 6 - 8 - 10 - 12

Número total de séries: 8.

Pirâmide espelhada – crescente/decrescente.

Igual ao método anterior, porém aplicado de forma inversa: inicia-se com uma série crescente de repetições, seguida por uma série decrescente.

Exemplo de repetições utilizadas nessa pirâmide:

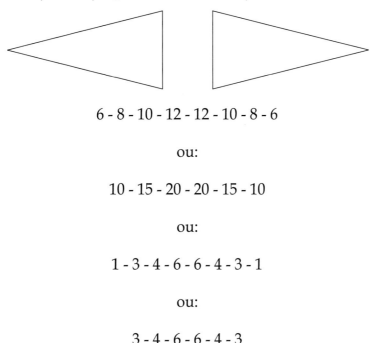

6 - 8 - 10 - 12 - 12 - 10 - 8 - 6

ou:

10 - 15 - 20 - 20 - 15 - 10

ou:

1 - 3 - 4 - 6 - 6 - 4 - 3 - 1

ou:

3 - 4 - 6 - 6 - 4 - 3

A faixas de repetições empregadas podem ser manipuladas de várias maneiras, sendo os números acima apenas exemplos. A configuração de mais ou menos séries de acordo com o tamanho do músculo/ grupo-muscular deve ser mantida, respeitando sempre o bom senso quanto ao limite de fadiga dos mesmos.

Série piramidal:

Aqui a pirâmide não é empregada em relação às repetições de um determinado exercício, e sim em relação às séries a serem executadas. Geralmente é configurada de maneira a decrescer em relação ao número de séries, (frisando, número de séries, não de repetições), ou seja, o primeiro exercício é o que tem o maior número de séries; elas vão diminuindo a cada exercício.

Estipula-se uma quantidade mais ou menos ideal de séries para cada grupo muscular, como no exemplo abaixo:

Treino de peitoral com 12 séries no total:

Supino	5 séries de 9 a 12 repetições
Crucifixo inclinado	4 séries de 9 a 12 repetições
Voador	3 séries de 9 a 12 repetições

Variando mais os exercícios, para as mesmas 12 séries:

Supino	4 séries de 9 a 12 repetições
Crucifixo inclinado	3 séries de 9 a 12 repetições
Voador	3 séries de 9 a 12 repetições
Cross Over	2 séries de 9 a 12 repetições

Exemplo realizando 5 séries:

Supino	4 séries de 9 a 12 repetições
Crucifixo inclinado	3 séries de 9 a 12 repetições
Voador	3 séries de 9 a 12 repetições
Cross Over	1 série de 9 a 12 repetições
Supino na máquina	1 série de 9 a 12 repetições

Uma outra variação seria conjugar o treino de pirâmide tradicional, (crescente ou decrescente), com o treino de série piramidal, onde as séries decrescem ao longo do treino, e as repetições crescem ou decrescem ao longo das séries:

Supino	5 séries: *18 – 15 – 12 – 9 – 6 repetições
Crucifixo inclinado	4 séries: *18 – 15 – 12 – 9 repetições
Voador	3 séries: *18 – 15 – 12 repetições

* Nessa disposição de treino, a cada exercício diminui-se uma série, suprimindo a série de menor número de repetições, ou seja o treino vai progressivamente se concentrando na suposta faixa de hipertrofia e resistência.

Exemplo inverso:

Supino	5 séries: *6 – 9 – 12 – 15 – 18 repetições
Crucifixo inclinado	4 séries: *6 – 9 – 12 – 15 repetições
Voador	3 séries: *6 – 9 – 12 repetições

* Nessa disposição de treino, a cada exercício diminui-se uma série, suprimindo a série de maior número de repetições, ou seja o treino vai progressivamente se concentrando na suposta faixa de hipertrofia e força.

Método sem contagem – estipulado por tempo

Essa proposta preconiza que as repetições sejam realizadas em função de um tempo pré-determinado, e não em função de uma contagem. De acordo com os objetivos de cada atleta, indica-se o tempo de realização de cada série, que deve ser então cronometrada.

Exemplo de série para peitoral e bíceps:

Exercício	Série	Tempo de execução	Intervalo
Supino reto	4	30 segundos	1' a 1' 30''
Voador	4	30 segundos	1' a 1' 30''
Crucifixo	2	30 segundos	1' a 1' 30''
Rosca martelo	3	30 segundos	1' a 1' 30''
Rosca barra W	3	30 segundos	1' a 1' 30''

Exemplo II, utilizando uma pirâmide decrescente de tempo:

Exercício	Série	Tempo de execução	Intervalo
Supino reto	4	40 segundos	1' a 1' 30''
Voador	4	30 segundos	1' a 1' 30''
Crucifixo	2	20 segundos	1' a 1' 30''
Rosca martelo	3	30 segundos	1' a 1' 30''
Rosca barra W	3	30 segundos	1' a 1' 30''

Método da variação por ângulo

Realiza-se apenas uma série por exercício, para determinado grupo muscular. A intenção é treinar o músculo na maior variação de ângulos possíveis, por isso não se repete o mesmo exercício. Se forem utilizadas, por exemplo, 12 séries para o dorsal, serão escolhidos 12 exercícios diferentes para esse músculo, realizando apenas uma série de cada.

Como as angulações e pegadas são sempre diferentes, pode-se desenvolver melhor o potencial de força em cada exercício, pois não ocorre saturação de fadiga em um mesmo ponto do músculo treinado.

Exemplo de treino de dorsal e tríceps:

Dorsal - (12 exercícios)	Tríceps – (8 exercícios)
1 série de *pulley* alto pela frente	1 série de tríceps no *pulley*
1 série de *pulley* alto por trás	1 série de tríceps no banco
1 série de remada sentado	1 série de tríceps francês
1 série de remada pegada supinada	1 série de tríceps coice
1 série de remada pegada pronada	1 série de tríceps supinado
1 série de *pull over* na máquina	1 série de tríceps testa
1 série de voador invertido	1 série de tríceps máquina
1 série de vôo curvo pegada pronada	1 série de tríceps paralelas
1 série de remada no banco	-
1 série de crucifixo invertido no cabo	-
1 série de barra fixa pela frente	-
1 série de barra fixa pegada fechada	-

Método da série livre

Nesse sistema se estipula apenas a quantidade de exercícios e repetições para cada músculo, bem como a intensidade, sendo que a quantidade de séries fica por conta do atleta. Assim, para um treino de coxas, hipoteticamente estipulamos um treino de 8 a 12 repetições, sendo os exercícios *leg press* e cadeira extensora.

O atleta inicia o treino, por exemplo, no *leg press*, e realiza quantas séries forem possíveis, realizando na primeira série 12 repetições, e continua quantas séries forem possíveis com pelo menos o número mínimo de repetições, (8), mantendo a mesma carga da primeira série. Quando isso não for mais possível, ele passa para o segundo exercício, e repete o procedimento, executa tantas séries quanto forem possíveis com o mínimo de 8 repetições, com a mesma carga da primeira série, que deverá ser de 12 repetições.

Uma quantidade ideal de séries seria de 5 a 8 por exercício; número muito grande de séries possíveis de serem executadas indicam que a intensidade do treino está muito baixa, ou seja, o volume irá predominar sobre a intensidade, o que tornará esse método ineficiente para objetivos de hipertrofia. Portanto, esse método só deve ser utilizado com os objetivos de hipertrofia com uma intensidade elevada em todas as séries.

Exemplo de treino de coxas:

Exercício	Repetições	Séries
Leg press	8 a 12	O máximo possível executando o número mínimo de repetições, (8).
Cadeira extensora	8 a 12	O máximo possível executando o número mínimo de repetições, (8).

Caso o atleta realize muitas séries, (8), no primeiro exercício, provavelmente ficará esgotado quando for realizar o segundo, principalmente se as alavancas forem muito parecidas. Por isso o exemplo de treino de coxas utilizou um exercício biarticular, (*leg press*), onde o movimento é composto por todo um grupamento muscular, (quadríceps, isquiotibiais, glúteos, e um exercício monoarticular, (cadeira extensora), de ação isolada do quadríceps.

Assim, a variação de avalancas é o mais indicado para esse sistema de treinamento, procura-se sempre variá-las o máximo possível para um mesmo músculo, para evitar a saturação da fadiga em um mesmo arco de movimento, ou seja, em um mesmo ponto do músculo treinado. Seguindo essa linha de raciocínio, em um treino de peitoral, ele será muito mais eficiente executando-se por exemplo supino, voador e crucifixo, do que supino reto com barra, supino com halteres e supino na máquina, que utilizam a mesma cadeia cinética. O mesmo é válido para todos os grupamentos musculares.

Drop set

O *Drop set* é um método simples de incremento de intensidade que pode ser aplicado em um programa de treinamento. Consiste em se realizar as repetições previstas, (ou o ponto de fadiga do músculo ao realizar a série com boa qualidade de movimento), e ao final destas, abaixar um certo percentual da sobrecarga e sem intervalo continuar o movimento, até ocorrer novamente o esgotamento do músculo.

Exemplificando, se num treino o planejado é a execução de 10 repetições, a carga de trabalho deve ser aquela que não permita o atleta ir além dessas 10 repetições; na última série, após terminada a última repetição, cerca de 10 a 20% da carga é retirada, e sem intervalo algum, retoma-se o exercício até a falha total do músculo. Essa retomada de movimento deve ser inferior ao número previsto de repetições da série sem o *drop set*, ou seja, caso se realize 10 ou mais repetições após a sobrecarga ter sido abaixada, significa que essa foi abaixada em demasia, ou que a sobrecarga para se executar as 10 repetições na séries sem o *drop set* estavam abaixo do potencial do atleta. Normalmente se executa entre 4 e 8 repetições extras no *drop set*.

Esse método é utilizado apenas na última série de cada exercício, e também não em todos os exercícios de uma série. Para objetivos de resistência muscular localizada, (resistência ao lactato/resistência anaeróbia lática), pode se utilizar séries de 20 ou mais repetições, e ao realizar o *drop set* na última série, abaixar o percentual de carga em cerca de 20% a

40%, propiciando que muitas repetições a mais sejam executadas, melhorando a tolerância ao lactato.

Uma variação desse método seria executar o *drop set* já na penúltima, ou até mesmo em todas as séries de um exercício, e não apenas na série final, como é o convencional desse sistema, (nesse caso, talvez menos exercícios devam ser executados). Essa variação torna o treino mais intenso, portanto, exige maior lastro fisiológico de quem for utilizá-lo, e não deve ser empregado por períodos maiores do que 2 semanas, pois pode comprometer a recuperação da musculatura, tornando-se muito catabólico.

O *drop set* se propõe a recrutar mais unidades motoras, (mais fibras musculares), do que as que seriam recrutadas normalmente em um exercício que não o utilize.

Exemplo de treino de supino utilizando o drop set:

Exercício	Série	Repetições	Sobrecarga	Método➜*Drop Set*
Supino	1	10	60kg	Não utilizar
	1	10	60kg	Não utilizar
	* 1	10	60kg	Não utilizar
	* 1	Máximo	60kg – 20% = 48kg	Utilizar

* Sem intervalo da 3ª série para o *drop set*.

Drop set *duplo*

Variação do *drop set*, onde um pouco mais de intensidade é acrescentada ao treino. Consiste em se diminuir a carga de trabalho 2 vezes na última série, após a última repetição prevista. Recruta mais fibras musculares do que as recrutadas pelo *drop set*. Deve ser utilizado em apenas alguns exercícios da rotina de treinamento, nunca em todos eles.

Drop set *triplo*

Variação que consiste em diminuir 3 vezes a carga de trabalho na última série. Deve ser utilizado em apenas um exercício para determinado grupo muscular.

Exemplo de treino de peitoral e tríceps, utilizando o drop set *triplo:*

Músculo	Exercício	Série	Repetições	Método➔*Drop Set* Triplo
Peitoral	Supino	3	7 a 9	Não utilizar
Peitoral	Voador	3	7 a 9	Não utilizar
Peitoral	Crucifixo	3	7 a 9	Não utilizar
Tríceps	Banco	3	7 a 9	Não utilizar
Tríceps	Francês	3	7 a 9	Utilizar

Drop set *total*

Segue a mesma diretriz dos métodos anteriores, porém a carga é diminuída múltiplas vezes, até que se esgote a possibilidade de se repetir esse procedimento, ela é diminuída até quanto for possível. Leva o músculo treinado a um máximo de exaustão possível dentro de uma série, sendo que ao final desta o atleta não deve ser capaz de realizar mais nenhuma repetição.

Assim como no *drop set* triplo, o *drop set* total só deve ser realizado em um único exercício, (preferencialmente o último), para cada músculo.

Isometria ou contração de pico

A isometria é um método de fácil entendimento e também muito fácil de se colocar em prática: consiste em manter a musculatura tensionada, (contração isométrica), durante alguns segundos, no arco de movimento de maior contração muscular, na última repetição de cada série.

Por exemplo, na rosca direta para o bíceps, o músculo é mantido em contração isométrica na posição em que o braço forma um ângulo de 90° graus com o antebraço. Da mesma forma, na cadeira flexora para isquiotibiais, o peso é mantido na posição em que os joelhos formam o ângulo de 90°. Já na cadeira extensora, a perna é mantida totalmente estendida, (extensão total de joelhos), ou semiestendida, no ponto mais alto do movimento.

Alguns exercícios são bem adaptáveis a esse método, como:

Grupo muscular	Exercício
Peitoral	*Cross over* Voador
Dorsal	Remadas *Pulleys* *Pull over* na máquina Demais exercícios
Bíceps	Rosca direta Rosca concentrada Demais exercícios
Tríceps	Tríceps coice Tríceps coice na polia
Coxas	Cadeira extensora Cadeira flexora
Panturrilhas	Todos os exercícios
Ombros	Elevação lateral Remada alta Encolhimento
Abdominal	Todos os exercícios

Certos grupos musculares são mais propícios para a execução da isometria, como é o caso dos dorsais, bíceps, panturrilhas e abdômen, (todos os exercícios para esses músculos são passíveis de se executar a isometria). Já os ombros e coxas são relativamente treináveis nesse método, dependendo do exercício executado.

Alguns exercícios não permitem de forma alguma a isometria, por promover encaixe ósseo-articular no ponto onde a isometria deveria ocorrer, como:

Grupo muscular	Exercício
Peitoral	Supino e suas variações Crucifixo
Coxas	*Leg press* Agachamento e suas variações
Ombros	Desenvolvimento *Arnold press*
Tríceps	Tríceps *pulley* Tríceps corda Tríceps francês

Ocasionalmente o exercício de ombros elevação frontal pode ser exposto à isometria. Ocasionalmente porque embora o encaixe articular seja perfeito para isometria, ocorre uma acentuação da lordose lombar, que pode ser minimizada executando a elevação frontal com halteres de forma unilateral.

Músculos como peitoral e tríceps são mais difíceis de se exporem a isometria, já que uma boa parte dos exercícios promove encaixe articular, o que invalida a isometria; é o caso do supino e suas variações, (inclinado, declinado, com halteres), crucifixo, tríceps no *pulley*, tríceps no banco, tríceps francês, etc.

Deve-se ter o cuidado de não bloquear a respiração, (apneia), durante a contração isométrica, pois esse procedimento ocasiona aumento transitório da pressão arterial; de qualquer forma esse método não deve ser indicado para indivíduos hipertensos, pois mesmo respirando corretamente, a isometria pode ocasionar ligeiro aumento dessa.

Isometria na fase concêntrica

Aqui a contração isométrica é feita no meio da fase isotônica concêntrica, e logo após se realiza a outra metade dessa fase do movimento. Assim, a isometria é realizada em todas as repetições concêntricas de um determinado exercício, ao contrário do método anterior, onde ela é realizada apenas na última repetição.

Sendo um método mais intenso do que o anterior, deve ser realizado apenas na última série de determinado exercício. Novamente aqui deve-se ter o cuidado de selecionar exercícios que cujas alavancas sejam favoráveis à contração isométrica sem prejudicar a boa postura da coluna vertebral, preferencialmente exercícios que apóiem a mesma. Por exemplo, se estão previstos 2 exercícios para o bíceps, deve-se escolher exercícios como a rosca scott ou rosca concentrada, ao invés de exercícios feitos em pé, como rosca direta com barra e rosca direta no cabo, que são mais propícios à falhas de postura.

Isometria na fase excêntrica

Nesse caso, a contração isométrica é feita no meio da fase isotônica excêntrica, onde logo após se realiza a outra metade dessa fase. Exemplificando, em uma série de cadeira extensora, a isometria é feita na metade da descida do peso em direção à posição inicial do movimento.

Sendo a fase excêntrica mais intensa em relação à fase concêntrica, esse método é então mais intenso do que o método anterior, portanto pode ser mais interessante para hipertrofia, desde que usado com critério na escolha dos exercícios e nunca por tempo muito longo. Igualmente devem ser escolhidos exercícios com apoio, como os realizados em máquinas na posição sentado e em bancos, ao invés de posições com barras e halteres sem apoio algum, já que a isometria é feita justamente na última série de um exercício, quando o atleta está mais cansado e fica mais exposto à comprometer a boa postura.

Método isométrico

Não confundir com a isometria. Nesse método, não se realizam as fases concêntricas e excêntricas da contração muscular, é utilizada exclusivamente a contração isométrica, (sem alongamento e encurtamento muscular). Os exercícios são realizados com a musculatura tensionada contra resistências em determinados ângulos, de acordo com o grupo muscular a ser treinado.

Além das máquinas e pesos livres, também são utilizadas paredes e barras fixas para esse tipo de treinamento. Há de se considerar que esse método limita a angulação na qual um músculo pode ser treinado, pois emprega apenas uma porção do mesmo; obviamente as porções musculares circunvizinhas também recebem algum estímulo positivo.

É um treino indicado para melhora na hipertrofia e força musculares, porém pouco utilizado atualmente por ser considerado monótono e pouco atrativo em comparação com outros métodos. Fisiculturistas usam esse método para treinar algumas poses de competição, flexionando a musculatura contra resistências oferecidas pelo próprio corpo.

Método da velocidade alternada

Dentro de uma mesma série de repetições, estipula-se um percentual delas a serem executadas em velocidade lenta, e o restante delas de forma bem rápida.

Por exemplo, numa série de 10 repetições, as 5 repetições iniciais são executadas em aproximadamente 4 segundos cada uma, (2 segundos de fase concêntrica e 2 segundos de fase excêntrica), e as 5 repetições finais são executadas da forma o mais rápido possível, mas sempre de forma a se evitar instabilidade articular.

A proporção de repetições lentas x rápidas pode ser alterada de várias maneiras, sendo 50% x 50%, como no exemplo acima, ou 70% x 30%, 80% x 20%, etc.

O inverso também pode ser experimentado, iniciando-se a série de forma rápida e terminando de forma lenta.

Exemplo de série para Coxas:

Exercício	Séries	Velocidade Alternada (50%/50%)
Leg press	3 x 12	6 reps lentas + 6 reps rápidas
Cadeira extensora	3 x 10	5 reps lentas + 5 reps rápidas
Cadeira flexora	3 x 8	4 reps lentas + 4 reps rápidas
Agachamento	3 x 6	3 reps lentas + 3 reps rápidas

Exemplo II de série para Coxas:

Exercício	Séries	Velocidade Alternada (70%/30%)
Leg press	3 x 10	7 reps lentas + 3 reps rápidas
Cadeira extensora	3 x 10	7 reps lentas + 3 reps rápidas
Cadeira flexora	3 x 10	7 reps lentas + 3 reps rápidas
Agachamento	3 x 10	7 reps lentas + 3 reps rápidas

Exemplo III de série para Coxas:

Exercício	Séries	Velocidade Alternada (70%/30%)
Leg press	3 x 10	7 reps rápidas + 3 reps lentas
Cadeira extensora	3 x 10	7 reps rápidas + 3 reps lentas
Cadeira flexora	3 x 10	7 reps rápidas + 3 reps lentas
Agachamento	3 x 10	7 reps rápidas + 3 reps lentas

Método da velocidade alternada em três fases

Dentro de uma mesma série de repetições, uma parte é executada de forma muito lenta, uma de forma lenta, (velocidade convencional), e outra de forma muito rápida, sendo que o sentido inverso também é válido. Assim como o método do duplo recrutamento, esse método de treino permite muitas variações quanto à distribuição dos percentuais em que cada tipo de velocidade é distribuída dentro da série.

Exemplo de série para Tríceps:

Exercício	Séries	Velocidade Alternada em 3 (50%/50%/50%)
Francês	3 x 9	3 reps rápidas+3 reps normais+3 reps lentas
Paralelas	3 x 9	3 reps rápidas+3 reps normais+3 reps lentas

Exemplo II de série para Tríceps:

Exercício	Séries	Velocidade Alternada em 3 (50%/25%/25%)
Francês	3 x 20	10 reps rápidas+5 reps normais+5 reps lentas
Paralelas	3 x 20	10 reps rápidas+5 reps normais+5 reps lentas

Exemplo III de série para Tríceps:

Exercício	Séries	Velocidade Alternada em 3 (50%/25%/25%)
Francês	3 x 20	10 reps lentas+5 reps normais+5 reps rápidas
Paralelas	3 x 20	10 reps lentas+5 reps normais+5 reps rápidas

Método da repetição forçada

Após o atleta executar a última repetição possível com boa qualidade de movimento, um parceiro de treino ou personal trainer ajuda o atleta na execução de mais algumas repetições, (em torno de 1 a 3 repetições extras). Essa ajuda deve ser feita somente no arco de movimento mais difícil, aquele ponto crítico onde a carga se torna mais pesada, como os 90° do bíceps como o antebraço na execução de uma rosca direta, ou na primeira metade da fase concêntrica do supino.

A repetição forçada não deve ser aplicada indiscriminadamente no final de todas as séries de todos os exercícios; normalmente o atleta deve ser capaz de manipular o peso com boa qualidade de movimento em todas as séries previstas, e ocasionalmente ser ajudado a ir além com o método da repetição forçada.

Alguns exercícios, quando realizados de forma unilateral, podem ser em algumas ocasiões ajudados pela mão livre do próprio atleta, como a rosca unilateral com halteres, elevação lateral unilateral, tríceps francês, etc.

Método da repetição negativa

Nesse método, o atleta executa algumas repetições de determinado exercício até ter esgotado a sua força para realizar a fase concêntrica do movimento; desse ponto em diante ele recebe ajuda do parceiro de treino/personal trainer em toda fase concêntrica, para executar mais algumas repetições. Ou seja, o atleta controla o peso na fase excêntrica, e é auxiliado totalmente na fase concêntrica, por mais algumas repetições além do que executou anteriormente.

Método da repetição negativa total

Esse método é praticamente igual ao anterior, sendo que aqui o atleta inicia com uma carga superior a 100% de sua capacidade para determinado exercício, onde então o parceiro de treino/personal trainer o auxilia em toda a fase concêntrica desde a primeira repetição; o atleta preocupa-se exclusivamente em realizar a fase excêntrica de forma controlada. Esse é um método muito intenso e que certamente irá resultar em bastante dor muscular tardia, se aplicado em atletas pouco adaptados a ele. Quando usado corretamente, é excelente para romper o "platô" de hipertrofia e força.

Método da repetição parcial

A repetição parcial é um método de treino onde o movimento é realizado de maneira incompleta, após o atleta ter esgotado sua capacidade de movimentar a carga no arco total do movimento. Geralmente, após a execução de todas as repetições previstas, que deve coincidir com o esgotamento do músculo para realizar o movimento completo, são realizadas mais algumas repetições no ângulo mais fácil do exercício. Esse procedimento visa recrutar mais unidades motoras do que um treinamento convencional.

Uma segunda interpretação para esse método seria a realização da repetição parcial já a partir da primeira repetição, seguindo assim até a última.

Método da repetição parcial alternada

Variação do método anterior, onde as repetições são realizadas de forma alternada, sendo que a primeira é feita de forma completa, (ou seja, a angulação máxima que o exercício permite), e a segunda é feita realizando apenas meio movimento, e assim por diante, até o final da série.

Exemplo de série para Peitoral:

Exercício	Série	Método: Repetição Parcial Alternada
Supino	3 x 12	1ª repetição: completa, 2ª repetição, etc.
Voador	3 x 10	1ª repetição: completa, 2ª repetição, etc.
Supino 30°	3 x 8	1ª repetição: completa, 2ª repetição, etc.
Cross Over	2 x 6	1ª repetição: completa, 2ª repetição, etc.

Método do movimento fracionado em três

O movimento do exercício deverá ser fracionado em 3 partes, ou 3 fases de execução: na primeira parte, realiza-se no exercício meio arco do movimento, no ponto onde ocorre o maior alongamento do músculo, na segunda parte meio arco do movimento, onde ocorre o menor alongamento, e na terceira parte, o movimento completo.

Esse método é tradicionalmente executado na famosa "rosca 21", porém muito pouco explorado em outros exercícios, que podem igualmente se adequar a esse sistema.

Exemplo de série para Bíceps utilizando a rosca "21":

São realizadas 21 repetições, divididas em 3 fases:

- **Primeira Fase:** 7 repetições, iniciando o movimento em extensão total do antebraço em relação ao braço, (alongamento total do bíceps em direção à flexão de 90°), ou seja, 7 repetições de 180° à 90°.

- **Segunda Fase:** 7 repetições, do ponto de 90° de flexão do antebraço com o braço, até o ponto máximo de flexão, (ponto de menor alongamento do bíceps).

- **Terceira Fase:** 7 repetições realizadas de forma completa, utilizando todo o arco de movimento que o exercício permite.

Uma outra forma de se fracionar o movimento em três partes seria executar na primeira fase os movimentos completos, para depois se iniciar a segunda fase e a terceira, com movimentos parciais de maior e menor alongamento.

Ao iniciar a série com movimentos parciais, como tradicionalmente é feito na rosca 21, ocorre uma fadiga muito grande em pontos específicos do músculo, tornando a terceira fase da série, (movimento completo), muito mais extenuante.

Ao se realizar primeiro o movimento completo, os movimentos parciais que vêm a seguir são realizados mais facilmente, exatamente por serem parciais, sendo portanto uma variação menos intensa do que o primeiro exemplo. Na verdade, temos quatro maneiras de se escalonar esse fracionamento do movimento, cada uma com suas respectivas intensidades.

Escala de intensidade referente à ordem de divisão do movimento em três partes:

→ **Menor intensidade:** Realizar primeiro o movimento completo, depois a fase parcial de maior alongamento do músculo, e por último a fase parcial de menor alongamento do músculo.

→ **Média intensidade:** Realizar primeiro o movimento completo, depois a fase parcial de menor alongamento do músculo, e por último a fase parcial de maior alongamento do músculo.

→ **Maior intensidade:** Realizar primeiro a fase parcial de maior alongamento do músculo, depois a fase parcial de menor alongamento do músculo, e por último o movimento completo.

→ **Máxima intensidade:** Realizar primeiro a fase parcial de menor alongamento do músculo, depois a fase parcial de maior alongamento do músculo, e por último o movimento completo.

Método do roubo

Esse método constitui-se numa forma de acrescentar intensidade a uma série mediante a alteração do eixo considerado normal durante o exercício, com algum comprometimento da boa postura, para se levantar mais sobrecarga ou para realizar mais algumas repetições após ocorrer a fadiga do músculo. O método do roubo nada mais do que o método da ajuda, porém nesse caso, a ajuda não vem de um agente externo, e sim do próprio atleta, que mediante impulso do corpo, busca favorecer para si a alavanca na fase mais crítica do movimento.

O roubo só deve ser utilizado por atletas com musculatura bem desenvolvida e apenas ocasionalmente, já que compromete a postura correta do exercício, gerando em algumas situações um balanço que compromete a postura geral do corpo e acaba por ocasionar uma momentânea instabilidade dentro da cápsula articular, tornando-a mais suscetível a lesões.

Um exemplo típico de roubo se dá na realização da rosca direta, quando o atleta acaba realizando extensão do tronco para facilitar o movimento. Alguns atletas além de estender o tronco para roubar na fase concêntrica, também flexionam o mesmo na fase excêntrica, como forma de aumentar a alavanca de movimento para a próxima fase concêntrica.

Tipicamente utilizado em exercícios como a remada sentada, elevação lateral e rosca direta, a coluna vertebral, essencialmente a coluna lombar, pode ser lesionada, bem como os eretores espinhais, justamente por causa do balanço e consequente sobrecarga e frouxidão ligamentar citados anteriormente.

O roubo só deve ser utilizado nas últimas repetições de um exercício, pois durante todas as repetições de todas as séries, a exposição de certas estruturas a posições desfavoráveis seria grande, aumentando em demasia o risco de lesão, tornando a relação custo-benefício muito ruim. Cautela com exageros e com angulações extremas para se executar essa técnica são recomendadas.

110

Pausa de descanso

Consiste em se esgotar a capacidade de realizar determinado exercício, soltar o peso por alguns poucos segundos para que o grupo muscular envolvido no movimento descanse, e realizar novamente mais algumas repetições, até que novamente se chegue à exaustão. Esse descanso não deve ultrapassar 5/15 segundos, pois um tempo maior permitiria a ressintetização intramuscular de mais ATP do que o necessário, diminuindo a intensidade, e portanto, a eficácia do método.

Apenas algumas repetições extras devem ser conseguidas; caso o atleta consiga executar um número maior de repetições extras, a carga do exercício deverá ser aumentada ou o intervalo da pausa de descanso deverá ser menor.

Exemplificando melhor o método, após a execução até a fadiga de uma rosca direta, o atleta coloca a barra no chão ou no suporte, descansa alguns poucos segundos e reinicia o exercício, (com a mesma sobrecarga), executando tantas repetições extras quanto forem possíveis. Exercícios mais arriscados, como o supino, devem ser monitorados para uma maior segurança do atleta.

Pré-exaustão

Esse método propõe uma seleção na ordem em que os exercícios devem ser executados: exercícios que isolam determinados músculos, (grupos musculares maiores), devem ser executados antes dos exercícios que envolvem músculos menores, considerados auxiliares para os grandes grupos musculares. Assim, exercícios uniarticulares são executados antes dos multiarticulares para um mesmo músculo, minimizando a ação dos agonistas.

É uma forma de imprimir mais intensidade nos músculos que dependem da ação de agonistas em alguns exercícios, (como o supino utiliza a ação do tríceps para auxiliar o peitoral, e as remadas utilizam o bíceps para auxiliar o dorsal). A pré-exaustão consegue aumentar a efetividade da ação dos músculos-alvos, que nesse caso podem ser o peitoral, dorsais, quadríceps e isquiotibiais.

Exemplo de pré-exaustão para Peitoral:

> → *Cross over** antes do supino.
> → *Fly** antes do supino 30°.
> → Voador* antes do supino com halteres.

* Esses três exercícios não utilizam de forma significativa a ação do tríceps braquial, portanto exigem mais do peitoral, de forma isolada; se a ordem dos exercícios fosse invertida, realizando os supinos primeiro, o tríceps agiria de forma sinérgica com o peitoral, portanto esse não seria solicitado de forma isolada, o que é a intenção desse método.

Exemplo de pré-exaustão para Dorsal:

> → *Pull over* na máquina* antes da remada sentada.
> → Voador Dorsal*, (inverso), antes de *pulley* pela frente.
> → Extensão horizontal de ombros* antes de remada no banco.
> → *Cross over* inverso* antes de *pulley* pegada supinada.

* Esses são exemplos de exercícios que se executados primeiro, isolam os músculos das costas, sem o envolvimento dos agonistas, (bíceps braquial, braquial e braquiorradial).

Exemplo de pré-exaustão para Quadríceps:

> → Cadeira extensora antes de agachamentos e *leg press*.

Exemplo de pré-exaustão para Isquiotibiais:

> → Cadeira flexora antes de agachamentos e *leg press*.

Exercícios como o *leg press* e as diversas formas de agachamentos envolvem toda a musculatura das coxas, (face ântero-posterior e interna, sem contar com a ação agonista das panturrilhas e glúteos); executando primeiro a cadeira extensora e flexora, consegue-se isolar, respectivamente, o quadríceps e os isquiotibiais.

A pré-exaustão é interessante por propiciar que o músculo alvo treine com todo o seu potencial de força sem ser influenciado negativamente pelo esgotamento de um músculo menor envolvido no movimento. O músculo-alvo é treinado isoladamente, sem depender desses músculos agonistas.

No caso do supino, o peitoral sofre interferência do tríceps braquial para realizar o movimento, e este, por ser menor e portanto suportar menos carga do que o peitoral, fadiga primeiro e impede o peitoral de chegar ao seu limite. Ao começar o treino de peitoral pelo voador ou *cross over*, o peitoral é treinado de forma isolada, (independe da ação do tríceps), sendo esse portanto, um treino mais localizado e intenso para o peitoral.

O mesmo raciocínio se aplica no treino de dorsais, que sofre ação do bíceps braquial, braquial, braquiorradial e musculatura dos flexores do antebraço, nos exercícios que envolvem puxadas no *pulley* e remadas, e da musculatura da coxa, que para ser isolada quanto a face anterior ou posterior, depende de movimentos uniarticulares, (cadeira extensora e cadeira flexora).

A pré-exaustão é por nós considerada mais como um sistema de divisão do que um método de treinamento; podemos utilizá-la em concordância com qualquer outro método.

Supersérie – (agonista/antagonista)

A supersérie consiste na realização de dois exercícios para grupos musculares antagônicos, sem intervalo entre eles. Por exemplo, ao se executar a cadeira extensora, sem intervalo se executa também a cadeira flexora: ambas empregam grupos musculares opostos, (anterior e posterior de coxa). A recuperação de um grupo muscular parece ser maior quando se exercita seu músculo antagonista logo em seguida, pois quando o agonista se contrai, o antagonista relaxa, e vice-versa.

De acordo com esse método, treina-se na mesma sessão:

→ Peitoral + Dorsais
→ Bíceps + Tríceps
→ Quadríceps + Isquiotibiais
→ Deltóide porção clavicular + deltóide porções acromial/espinal

Exemplo de treino de Peitoral e Dorsais:

Série	Método da Supersérie
3 x 10	Supino + remada sentada
3 x 10	Supino 30° + *Pulley* alto
3 x 10	*Cross over* + voo curvo

Exemplo de treino de Bíceps e Tríceps:

Série	Método da Supersérie
3 x 6	Rosca barra w + tríceps testa
3 x 9	Rosca scott + tríceps coice
3 x 12	Rosca concentrada + paralelas

Exemplo de treino de Coxas e Ombros:

Série	Método da Supersérie
4 x 12	Elevação frontal + elevação lateral
4 x 9	Cadeira extensora + cadeira flexora

Série combinada

A série combinada conjuga dois exercícios diferentes para um mesmo músculo ou grupo muscular sem intervalo entre eles. Ao se executar dois exercícios diferentes sem intervalo, o somatório de repetições mais a diferença de angulação entre eles abrange um padrão de recrutamento maior de fibras musculares, caso esse dois exercícios fossem executados separadamente, já que esse procedimento aumenta muito a intensidade do treino.

Como norma de garantia de boa execução e até mesmo de segurança do atleta, executa-se primeiro os exercícios livres, (feitos com halteres e barras), e em seguida exercícios feitos em máquinas, que exigem menos equilíbrio e coordenação motora. Assim, durante o segundo exercício, quando o atleta já está com o músculo treinado parcialmente cansado, fica mais fácil o controle do movimento, justamente pelo exercício feito em máquina exigir menos equilíbrio, tornando a série mais segura e eficiente do que se fosse realizada a ordem inversa dos exercícios.

Pode-se utilizar exercícios que envolvem braços de alavancas iguais ou braços de alavancas totalmente diferentes, sendo que quando as alavancas são iguais ou muito parecidas, provavelmente a sobrecarga do segundo exercício tenha que ser mais reduzida do que se fossem conjugados dois exercícios que empregassem alavancas diferentes. De qualquer forma, a intensidade elevada é mantida.

Exemplo de alavancas iguais:

> 10 repetições de supino + 10 repetições de supino inclinado

Ao se realizar a série acima, a sobrecarga no supino inclinado obviamente deverá ser menor do que o normal para esse exercício quando executado isoladamente, porém a ausência de intervalo entre esses dois exercícios compensará essa carga menor, e estará tornando a sua execução mais intensa.

Exemplo de alavancas diferentes:

> 10 repetições de supino + 10 repetições de *cross over*

No caso de alavancas diferentes, talvez o atleta consiga, no caso do exemplo acima, manter uma sobrecarga muito próxima da sobrecarga normal que utiliza no *cross over*, quando este é feito de forma isolada, já que as alavancas são bem diferentes em relação ao primeiro exemplo.

Alguns músculos que por sua característica anatômica apresentam apenas uma origem e uma inserção, não permitem uma boa variação quanto à angulação dos exercícios, como é o caso do trapézio, do bíceps e das panturrilhas, onde os exercícios são sempre muito parecidos. Também o abdômen, apesar de permitir muitas variações de exercícios, depende invariavelmente da flexão e extensão do quadril, portanto a alavanca é sempre muito parecida em qualquer exercício.

Exemplo de série combinada:

Músculo/grupo muscular	Alavanca	Exercício
Coxas	Mesma alavanca	Agachamento livre + Agachamento guiado
Coxas	Alavanca diferente	Agachamento livre + Cadeira extensora
Peitoral	Mesma alavanca	Supino reto + Supino 30°
Peitoral	Alavanca diferente	Supino reto + Voador
Dorsais	Mesma alavanca	Remada cavalinho + Remada no banco
Dorsais	Alavanca diferente	Remada cavalinho + *Pull over* na máquina
Tríceps	*Mesma alavanca	Tríceps nas paralelas + Tríceps no banco
Tríceps	*Alavanca diferente	Tríceps no *pulley* + Tríceps coice
Bíceps	Não ocorre mudança de alavanca	Rosca *scott* + Rosca concentrada
Panturrilhas	Não ocorre mudança de alavanca	Flexão plantar livre + Soleador
Abdômen	Não ocorre mudança de alavanca	Abdominal na máquina + Abdominal livre

* No caso do tríceps, as alavancas são também bastante parecidas, não permitindo variações significativas.

Série gigante

A série gigante, nos moldes da série combinada, também parte do princípio da conjugação de exercícios, porém ao invés de dois, combina três, quatro e até cinco exercícios para um mesmo músculo sem intervalo entre eles. Os exercícios a serem executados também devem seguir uma ordem, em que progressivamente se necessite menos de músculos estabilizadores:

> Pesos livres ➜ barras ➜ máquinas

Exemplo de série de Dorsal:

> Crucifixo inverso, (voo curvo) ➜ Remada no banco com halter
> ➜ *Pulley* alto ➜ *Pull over* na máquina

Exemplo de série de Tríceps:

> Tríceps francês ➜ Tríceps coice ➜ Tríceps *pulley*
> ➜ Tríceps na máquina

Exemplo de série de Peitoral:

> Supino 30° com halteres ➜ Supino reto com barra
> ➜ *Cross over* ➜ Voador

Exemplo de série de Bíceps:

> Rosca alternada com halteres ➔ Rosca com barra W
> ➔ Rosca concentrada ➔ Rosca *scott*

Exemplo de série de Coxas:

> Agachamento com barra livre ➔ *Leg Press*
> ➔ Cadeira extensora ➔ Cadeira flexora

Método 8 – 15

O método 8 – 15 é um sistema que propõe a combinação de sobrecargas "tensionais" com sobrecargas "metabólicas". Após a realização de 8 repetições, seguidas de 1 minuto de intervalo, diminui-se a carga para que se consiga realizar 15 repetições. Após 1 minuto a 1 ½ de intervalo, recomeça-se a série, até completar as séries previstas, que geralmente são 3.

É importante que tanto a série de 8 quanto a série de 15 sejam pesadas, reduz-se a sobrecarga apenas para que se consiga executar as 15 repetições, mas estas devem ser tão intensas quanto a série de 8.

Grandes grupos musculares, como peitoral, dorsais e coxas, são treinados com 4 séries de 8-15, ou então 3 séries de 8-15 mais 1 exercício complementar utilizando 2 ou 3 séries de 8 a 10 repetições.

Já grupos musculares menores, como panturrilhas, ombros, bíceps e tríceps demandam menos séries e/ou menos exercícios.

Exemplo de série de Dorsais, 4 séries de 8-15:

Exercício	Repetições	Intervalo	Repetições	Intervalo
Remada baixa	8	1'	15	1'30''
	8	1'	15	1'30''
	8	1'	15	1'30''
	8	1'	15	

Exemplo de série de Dorsais, 3 séries de 8-15, mais 1 exercício complementar utilizando 2 a 3 séries de 8 a 10 repetições:

Exercício	Repetições	Intervalo	Repetições	Intervalo
Remada baixa	8	1'	15	1'30''
	8	1'	15	1'30''
	8	1'	15	1'30''
Voo curvo	8 a 10	1'		
	8 a 10	1'		
	8 a 10			

Exemplo de série de Ombros:

Exercício	Repetições	Intervalo	Repetições	Intervalo
Arnold press	8	1'	15	1'30''
	8	1'	15	1'30''
	8	1'	15	

Método 8 – 15 sem intervalo

Variação mais intensa do que o método anterior onde não ocorre intervalo das 6 repetições para as 20 repetições, apenas o necessário para a mudança de carga.

Exemplo de série de Dorsais, 4 séries de 8-15 sem intervalo:

Exercício	Repetições	Intervalo
Remada baixa	8 + 15 sem intervalo	1'30"
	8 + 15 sem intervalo	1'30"
	8 + 15 sem intervalo	1'30"
	8 + 15 sem intervalo	

Método 6 – 20

O método 6–20 é realizado de forma semelhante ao método 8–15, apenas as faixas de repetições são mais extremas, substituindo-se o 8 pelo 6 e o 15 pelo 20. Ou seja, as repetições passam a ser mais "tensionais" em um sentido, e mais "metabólicas" em outro.

Após a execução das 6 repetições, há um intervalo de 1 minuto, reduz-se a sobrecarga e executa-se mais 20 repetições. Isso é considerada uma série, e entre uma série e outra é necessário um bom descanso, em torno de 1'1/2 até 2'. A configuração do método 6-20 segue os mesmos moldes do método 8-15.

Exemplo de série de Peitoral, 4 séries de 6-20:

Exercício	Repetições	Intervalo	Repetições	Intervalo
Supino	6	1'	20	1'30'' a 2'
	6	1'	20	1'30'' a 2'
	6	1'	20	1'30'' a 2'
	6	1'	20	

Exemplo de série de Peitoral, 3 séries de 6-20, mais 1 exercício complementar utilizando 2 a 3 séries de 8 a 10 repetições:

Exercício	Repetições	Intervalo	Repetições	Intervalo
Supino	6	1'	20	1'30'' a 2'
	6	1'	20	1'30'' a 2'
	6	1'	20	1'30'' a 2'
Voador	8 a 10	1'		
	8 a 10	1'		
	8 a 10			

Músculos menores, como ombros, bíceps e tríceps, são treinados com apenas 1 exercício nesse sistema de 6–20, muitas vezes, apenas 2 séries de 6-20 são necessárias. Número maior de séries e mais exercícios apenas servirão para catabolizar esses músculos.

Exemplo de série de Bíceps:

Exercício	Repetições	Intervalo	Repetições	Intervalo
Rosca barra	6	1'	20	1'30'' a 2'
	6	1'	20	1'30'' a 2'
	6	1'	20	

Caso se deseje variar a angulação no qual esses músculos pequenos serão treinados, divide-se essa série entre outros exercícios:

Exemplo II de série de Bíceps:

Exercício	Série
Rosca barra	1 série de 6 – 20
Rosca cabo	1 série de 6 – 20
Rosca *Scott*	1 série de 6 – 20

Método 6 – 20 sem intervalo

Variação mais extrema do método 6–20, o método 6–20 sem intervalo propõe a execução das 6 repetições e imediatamente mais 20 repetições, com intervalo entre elas apenas para o necessário ajuste de carga. A configuração quanto à montagem de séries e quantidade de exercícios é a mesma do método 6–20 com intervalo.

Talvez um intervalo maior do que os 2 minutos propostos se faça necessário; por volta de 3 minutos. Parece ser interessante aumentar o intervalo de descanso entre as séries em função da manutenção da sobrecarga do exercício, (intervalos muito curtos exigirão cargas menores).

Exemplo de série de Coxas, 4 séries de 6-20 sem intervalo:

Exercício	Repetições	Intervalo
Leg press	6 + 20 sem intervalo	2' ou +
	6 + 20 sem intervalo	2' ou +
	6 + 20 sem intervalo	2' ou +
	6 + 20 sem intervalo	

Exemplo de periodização de 5 semanas usando o método 8-15, 6-20:

1ª semana	8-15 com intervalo
2ª semana	8-15 sem intervalo
3ª semana	6-20 com intervalo
4ª semana	6-20 sem intervalo
5ª semana	Microciclo regenerativo (3 x 10 a 12 em ↓ Intensidade)

Método 10 de 10 – 7 de 10

Como o nome sugere, o método propõe a realização de 10 séries de 10 repetições, isso no caso de músculos grandes, (grupos musculares), e 7 séries de 10 repetições para músculos pequenos. A intenção é saturar a fadiga em apenas um ponto de determinado músculo, utilizando apenas uma angulação, (apenas um exercício), desenvolvendo com ênfase apenas essa porção muscular.

Dessa forma são executadas ao todo 100 repetições para peitoral, dorsais e coxas, e 70 repetições para bíceps, tríceps, ombros e panturrilhas. Como apenas um exercício para cada músculo é utilizado, esse método pode tornar-se um pouco monótono com o passar das semanas; também por exigir mais repetições do que o normal para todos os grupamentos musculares, (aumento de volume de treino), esse método deve ser utilizado em um mesociclo curto.

No caso das coxas, deve-se escolher um exercício de movimento multiarticular, como *leg press* e agachamentos, que exigem esforço da coxa como um todo, e não exercícios localizados como cadeira extensora, (que somente exercitaria os quadríceps), e cadeira flexora, (que só exercitaria os isquiotibiais).

Exemplo de microciclo de treino nesse sistema:

	Segunda	Terça		Quinta	Sexta
Grupo Muscular	*Peito e **ombros	*Coxas **Gêmeos		*Dorsal **Abdômen	*Bíceps *Tríceps
Exercícios	Supino 30° e Elevação Lateral	*Leg Press* e Flexão plantar	**FOLGA**	Remada *pulley* e Abd. na máquina	Rosca direta e tríceps testa
Série	*10 **7	*10 **7		*10 **7	* 7
Repetições	10 cada exercício	10 cada exercício		10 cada exercício	10 cada exercício

Método 10 de 10 – 7 de 10 com intervalo decrescente

A configuração do treino é exatamente igual a anterior, porém a diferença entre eles é a manipulação do intervalo, que é feita de forma inversa: inicia-se com 1 ½ de intervalo da 1° para a 2° série, e segue-se diminuindo 10 segundos de uma série para outra, até completar 10 séries. Nesse caso, a carga utilizada na primeira série deverá ser abaixada ao longo das mesmas, pois o intervalo decrescente não permite ressíntese adequada de ATP para que o atleta consiga manter a sobrecarga constante por 10 séries seguidas de intervalos cada vez menores, (aqui a intensidade é mantida em função do intervalo cada vez mais curto, e não pela sobrecarga).

Exemplo:

*10 reps 10 reps 10 reps 10 reps 10 reps 10 reps 10 reps 10 reps 10 reps 10 reps
** 1'30" 1'20" 1'10" 1' 50" 40" 30" 20" 10"

* Séries ** Intervalos entre as séries

Na série para grupos musculares menores, (7 séries de 10 repetições), inicia-se o intervalo com 1'.

Exemplo:

*10 reps 10 reps 10 reps 10 reps 10 reps 10 reps 10 reps
**   1'   50"   40"   30"   20"   10"

* Séries ** Intervalos entre as séries

Método 10 de 10 – 7 de 10 com intervalo crescente

O intervalo é manipulado no sentido inverso ao do método anterior, ou seja, ele começa extremamente curto e vai aumentando ao longo das séries. A carga de trabalho tanto pode ser mantida a mesma do início ao final das séries, (porque apesar do intervalo ficar cada vez maior, permitindo cada vez mais uma melhor ressíntese de creatina fostato, ainda assim as primeiras séries são muito intensas e o cansaço é acumulativo), quanto pode sofrer ligeiro aumento nas últimas séries, quando os intervalos são bem mais longos.

Exemplo:

*10 reps	10 reps	10 reps	10 reps	10 reps	10 reps	10 reps	10 reps	10 reps	10 reps
**	10"	20"	30"	40"	50"	1'	1'10"	1'20"	1'30"

* Séries ** Intervalos entre as séries

Uma forma interessante de periodização conjuga o método 10 de 10, 7 de 10, o método 10 de 10, 7 de 10 crescente, e o método 10 de 10, 7 de 10 decrescente, utilizando um deles a cada semana, ou um deles a cada 2 semanas:

1^a ou 1^a e 2ª semanas → 10 de 10, 7 de 10
2^a ou 3^a e 4ª semanas → 10 de 10, 7 de 10 crescente
3^a ou 5^a e 6ª semanas → 10 de 10, 7 de 10 decrescente

Esse exemplo mostra uma periodização de 3 ou 6 semanas. Ao final da 3ª semana, e mais ainda ao final da 6ª semana, deve-se adotar uma estratégia de treino menos intensa, com um percentual de carga de trabalho média em relação à carga máxima para um determinado número de repetições, permitindo uma supercompensação adequada ao atleta.

Método 10 a 1

Consiste em uma pirâmide que decresce de 10 repetições até apenas 1 repetição, podendo o intervalo entre as séries ser crescente ou não. Esse método nada mais é do que uma pirâmide decrescente quanto ao número de repetições, onde teoricamente o atleta inicia o treino na faixa de repetições para hipertrofia, (10), e termina na faixa de repetições para força pura, (1), sendo portanto um método misto entre hipertrofia, força e força pura.

A série totaliza 55 repetições, então atletas bem treinados podem realizar até 2 exercícios para esse método, em se tratando de músculos grandes, e 1 exercício para músculos pequenos.

Exemplo de treino para peitoral e tríceps:

Supino reto	Tríceps *pulley*
1 série de 10 repetições	1 série de 10 repetições
1 série de 9 repetições	1 série de 9 repetições
1 série de 8 repetições	1 série de 8 repetições
1 série de 7 repetições	1 série de 7 repetições
1 série de 6 repetições	1 série de 6 repetições
1 série de 5 repetições	1 série de 5 repetições
1 série de 4 repetições	1 série de 4 repetições
1 série de 3 repetições	1 série de 3 repetições
1 série de 2 repetições	1 série de 2 repetições
1 série de 1 repetição	1 série de 1 repetição

ou

Supino inclinado	*Cross over*	Tríceps corda
1 série de 10 repetições	1 série de 10 repetições	1 série de 10 repetições
1 série de 9 repetições	1 série de 9 repetições	1 série de 9 repetições
1 série de 8 repetições	1 série de 8 repetições	1 série de 8 repetições
1 série de 7 repetições	1 série de 7 repetições	1 série de 7 repetições
1 série de 6 repetições	1 série de 6 repetições	1 série de 6 repetições
1 série de 5 repetições	1 série de 5 repetições	1 série de 5 repetições
1 série de 4 repetições	1 série de 4 repetições	1 série de 4 repetições
1 série de 3 repetições	1 série de 3 repetições	1 série de 3 repetições
1 série de 2 repetições	1 série de 2 repetições	1 série de 2 repetições
1 série de 1 repetição	1 série de 1 repetição	1 série de 1 repetição

Método 1' por 1'

Preconiza a realização de 1 minuto de repetições por 1 minuto de intervalo, realizando de 2 a 3 séries por exercício, e de 3 a 4 exercícios para cada grupo muscular. Esse método tem um componente aeróbio maior do que os demais treinos que preconizam repetições menos extremas e com intervalos proporcionalmente maiores. Utilizados por atletas que necessitam de maior resistência muscular localizada, pois é um bom método para se aumentar a tolerância ao lactato.

Não costuma ser empregado em treinos de hipertrofia, embora promova também esse fenômeno, ainda que de forma mais limitada. Ainda assim é útil encaixar esse treino entre períodos de treino de hipertrofia, focalizando o fortalecimento de tendões e ligamentos.

A execução desse método deve ser feita em velocidade controlada, talvez apenas um pouco mais rápido do que o convencional nos segundos finais da série, já que é comum atletas que experimentam essa série pela primeira vez realizarem o movimento de forma rápida demais. A carga deve ser selecionada com cuidado, o exercício deve iniciar com relativa facilidade, que progressivamente vai aumentando até ficar quase intolerável no final do minuto.

Método 6 (100%) – 6 (70%)

São 6 repetições realizadas com 100% de intensidade, (um peso que não permite realizar 7 repetições), seguidas por mais 6 repetições com 70% da carga inicial do exercício, mas ainda com 1005 de intensidade, (também não permitindo realizar mais 6 repetições, caso permita, diminuir menos o peso na próxima série). É na verdade uma série de 12, porém executada de forma a se permitir uma sobrecarga inicial maior do que se fossem realizadas 12 repetições com uma sobrecarga constante ao longo de toda a série.

Esse método é uma variação do *drop-set*, com a diferença de que as repetições finais são pré-determinadas, enquanto no *drop-set* elas são livres.

Exemplo de treino no leg press:

Carga inicial ➜ 200 kg (100% intensidade) = 6 repetições

(- 30% de carga)

Carga final ➜ 140 kg (100% intensidade) = 6 repetições

Método da confusão muscular:

Esse método de treino propõe uma mudança radical na sistematização e periodização do treino. Acontece que após algumas semanas no mesmo método de treinamento, nosso corpo se adapta a ele, o que teoricamente reduz a sua eficácia, onde então procura-se alterar o sistema inicialmente proposto.

A confusão muscular é a extrema radicalização dessa teoria.

A cada treino mudamos totalmente os métodos, faixas de repetições e intervalos, confundindo a tendência do organismo à homeostase. Essas mudanças são feitas a cada dia de treino, sem muita previsão ou sistematização, são feitas de forma instintiva a cada exercício; o atleta vai treinando e experimentando o que lhe parece funcionar naquele momento.

A mudança é feita nos métodos, cargas de treino, quantidade de séries e repetições e intervalos, alternando a intensidade. Em alguns exercícios utiliza-se altas repetições, em outros baixas repetições, muda-se radicalmente as rotinas de exercícios, e varia-se bastante os intervalos entre as séries e exercícios.

É uma proposta que não tem muito embasamento científico, salvo a possível quebra da homeostase, que com certeza ocorre, e o descanso mental de se poder treinar sem muito controle.

Não recomendamos seguir esse método por mais de uma semana, e raramente durante um macrociclo, por que, assim como a quebra da homeostase é importante, também é importante que o corpo tenha ao menos a chance de se adaptar a um determinado treinamento, (por um período que varia de método para método). Ao se utilizar da confusão muscular por grandes períodos de tempo, essa adaptação nunca ocorre, pois não há uma constância de estímulos iguais a cada treino. Ao se executar um exercício diferente a cada treino, o músculo vai se adaptando a ele e se desadaptando dos demais, e o mesmo ocorre em relação aos intervalos e repetições.

Concluindo, como se muda a cada treino, não ocorre adaptação a nada de forma muito consistente, e a falta de controle pode tornar o método catabólico demais.

Método do músculo prioritário:

A cada semana um determinado músculo é selecionado de forma a se sobressair dos demais; para tanto, o estímulo maior é dado em função de um maior volume, (um exercício a mais), ou de uma maior intensidade, (percentual de carga mais alto do que para os demais músculos).

Não há perigo de se entrar em *overtraining* para esse músculo, uma vez que o estímulo maior vai ser dado apenas durante uma semana, o que vai abranger no máximo dois dias de treino.

Outra forma de se interpretar esse sistema seria treinar com ênfase um determinado músculo durante todo um mesociclo, o que pode ser justificado pela sua maior deficiência em relação aos demais, ou por ser mais solicitado em determinada modalidade esportiva e necessita de maior estímulo.

Exemplo I – Ênfase no peitoral, manipulando a quantidade de exercícios:

Segunda	A - Dorsais (3 exercícios) / Ombros (2 exercícios)
Terça	B - Coxas (5 exercícios) / Panturrilhas (2 exercícios)
Quarta	*C- Peitoral (4 a 5 exercícios)/Abdominal (2 exercícios)
Quinta	D - Bíceps (2 exercícios) / Tríceps (2 exercícios)
Sexta	A - Dorsais (3 exercícios) / Ombros (2 exercícios)

* Nesse exemplo o peitoral é acionado apenas uma vez por semana, mas com maior ênfase quanto ao número de exercícios.

Exemplo II – Ênfase no peitoral, manipulando os dias de treino:

Segunda-feira	* **Peitoral** – Panturrilhas
Terça-feira	Coxas / abdominal
Quarta-feira	Dorsal/ombro
Quinta-feira	* **Peitoral**
Sexta-feira	Bíceps/tríceps

* Nesse exemplo treina-se o peitoral sempre 2 vezes por semana. Inicia-se a semana com o músculo principal, pois o atleta descansou totalmente sábado e domingo; na quinta-feira o treino é repetido, talvez com menos carga do que o treino de segunda, pelo cansaço residual dos dias anteriores.

Método do circuito:

O circuito é um interessante método que propõe um incremento no componente aeróbio do treinamento de musculação. Por ser um dos métodos menos monótonos, é bastante motivante e sempre um dos métodos preferidos do público feminino.

Basicamente agrupam-se alguns exercícios, que deverão ser realizados em conjunto, (estações), podendo ou não se estipular intervalos entre esses conjuntos. Dependendo dos objetivos e do grau de condicionamento do atleta, esses exercícios são realizados sem intervalo algum, apenas o tempo de mudança entre um exercício e outro. É um método muitíssimo flexível quanto a escolha dos exercícios, quantidade de repetições, quantidade de séries e montagem de treino.

Algumas vezes os exercícios de musculação são conjugados com aparelhos de condicionamento aeróbio, como bicicleta ergométrica, esteira e similares.

Exemplo de circuito para treino de membros superiores e tronco, utilizando 3 séries de 12 repetições:

1ª Passagem 1 série de 12 reps	2ª Passagem 1 série de 12 reps	3ª Passagem 1 série de 12 reps
Supino inclinado	Supino inclinado	Supino inclinado
Supino reto	Supino reto	Supino reto
Remada cavalinho	Remada cavalinho	Remada cavalinho
Pull over na máquina	*Pull over* na máquina	*Pull over* na máquina
Elevação lateral	Elevação lateral	Elevação lateral
Rosca direta - barra	Rosca direta - barra	Rosca direta - barra
Tríceps no *pulley*	Tríceps no *pulley*	Tríceps no *pulley*
Abdominal	Abdominal	Abdominal

Nesse exemplo, os exercícios são sempre os mesmo em todas as 3 passagens. Todos os exercícios são executados um após o outro sem intervalo, começando pelo supino e terminando pelo abdominal. Após um pequeno intervalo, ou sem intervalo algum, retoma-se a série, iniciando a 2ª passagem, e após essa, a 3ª. Dependendo do objetivo e do condicionamento do atleta, adiciona-se ainda mais 1 ou 2 passagens.

Exemplo de circuito para treino de membros inferiores e tronco, utilizando 3 séries de 12 repetições, conjugados com aparelhos de ergometria:

1ªPassagem 1 série de 12 reps	2ªPassagem 1 série de 12 reps	3ªPassagem 1 série de 12 reps
Supino inclinado	Supino inclinado	Supino inclinado
Supino reto	Supino reto	Supino reto
Remada cavalinho	Remada cavalinho	Remada cavalinho
Pull over na máquina	*Pull over* na máquina	*Pull over* na máquina
Elevação lateral	Elevação lateral	Elevação lateral
Rosca direta - barra	Rosca direta - barra	Rosca direta - barra
Tríceps no *pulley*	Tríceps no *pulley*	Tríceps no *pulley*
Abdominal	Abdominal	Abdominal
2' bicicleta	2' bicicleta	2' bicicleta
3' esteira	3' esteira	3' esteira

Nesse exemplo, após o último exercício de cada passagem, (abdominal), acrescenta-se mais 2 minutos de bicicleta ergométrica e 3 minutos de esteira, para só então retomar os exercícios de musculação, na 2ª passagem, e assim por diante.

A carga e a velocidade da bicicleta, bem como a velocidade e possível inclinação da esteira dependerão, mais uma vez, dos objetivos e do condicionamento do atleta.

Exemplo de circuito utilizando todos os grupamentos musculares, em conjunto com aerobiose:

1ªPassagem 1 série de 12 reps	2ªPassagem 1 série de 12 reps	3ªPassagem 1 série de 12 reps
Cross over	*Cross over*	*Cross over*
Leg press	*Leg press*	*Leg press*
Remada sentado	Remada sentado	Remada sentado
Cadeira extensora	Cadeira extensora	Cadeira extensora
Cadeira flexora	Cadeira flexora	Cadeira flexora
Rosca direta - cabo	Rosca direta - cabo	Rosca direta - cabo
Tríceps no banco	Tríceps no banco	Tríceps no banco
Abdominal	Abdominal	Abdominal
Soleador	Soleador	Soleador
Desenvolvimento	Desenvolvimento	Desenvolvimento
5' esteira	5' esteira	5' esteira

Exemplo de circuito para treino de membros inferiores variando os exercícios a cada estação:

1ªPassagem 3 séries de 20 reps	2ªPassagem 3 séries de 20 reps	3ªPassagem 3 séries de 20 reps
Leg press	Agachamento	Cadeira adutora
Cadeira extensora	Cadeira flexora	Cadeira abdutora
Gêmeos na máquina	Gêmeos livre	Glúteo na máquina
5' corrida	4' corrida	3' corrida
5' bicicleta	4' bicicleta	3' bicicleta

Esse exemplo agrupa 3 séries dentro de uma mesma passagem, e em cada passagem os exercícios são diferentes. Executa-se 3 séries de 20 repetições em todos os exercícios e em todas as passagens. O tempo de ergometria diminui a cada passagem, mas poderia ser mantido o mesmo ou até aumentado, dependendo dos já citados fatores: objetivos e condições do atleta.

Exemplo de circuito piramidal crescente para a musculatura posterior do corpo:

1ªPassagem 1 série de 10 reps	2ªPassagem 1 série de 15 reps	3ªPassagem 1 série de 20 reps
Pulley alto	*Pulley* alto	*Pulley* alto
Remada banco	Remada banco	Remada banco
Tríceps francês	Tríceps francês	Tríceps francês
Tríceps *pulley*	Tríceps *pulley*	Tríceps *pulley*
Cadeira flexora	Cadeira flexora	Cadeira flexora
Cadeira abdutora	Cadeira abdutora	Cadeira abdutora
Stiff	*Stiff*	*Stiff*
Glúteo 4 apoios	Glúteo 4 apoios	Glúteo 4 apoios
Gêmeos na máquina	Gêmeos na máquina	Gêmeos na máquina
6' bicicleta	5' esteira	3' esteira inclinada

Esse circuito exemplifica a combinação do circuito com o método piramidal crescente. Toda musculatura da face posterior do corpo é treinada, e ao final de cada passagem o estímulo ergométrico é diferente.

Variação do exemplo anterior:

1ªPassagem 1 série de 9 reps	2ªPassagem 1 série de 12 reps	3ªPassagem 1 série de 15 reps	4ªPassagem 1 série de 18 reps	5ªPassagem 1 série de 21 reps
Mesmos exercícios do exemplo anterior	Mesmos exercícios do exemplo anterior	Mesmos exercícios do exemplo anterior	Mesmos exercícios do exemplo anterior	Mesmos exercícios do exemplo anterior

* Mesmo princípio do exemplo anterior, porém com um número maior de passagens.

Exemplo de circuito piramidal crescente conjugado com o método do músculo prioritário, para a musculatura posterior do corpo:

1ªPassagem 1 série de 10 reps	2ªPassagem 1 série de 15 reps	3ªPassagem 1 série de 20 reps
Pulley alto	*Pulley* alto	*Pulley* alto
Remada banco	Remada banco	Remada banco
Cross over inverso	*Cross over* inverso	*Cross over* inverso
Tríceps *pulley*	Tríceps *pulley*	Tríceps *pulley*
Tríceps corda	Tríceps corda	Tríceps corda
Cadeira flexora	Cadeira flexora	Cadeira flexora
Cadeira abdutora	Cadeira abdutora	Cadeira abdutora
Stiff	*Stiff*	*Stiff*
Glúteo 4 apoios	Glúteo 4 apoios	Glúteo 4 apoios

Esse exemplo mostra a priorização dos dorsais no circuito, portanto foi acrescentado mais um exercício, (*cross over* invertido).

Esses foram alguns exemplos, dentre as dezenas e provavelmente até centenas de variações de circuitos. Pode-se variar o treino de circuito de várias maneiras, pois esse método é bem compatível com outras metodologias.

Método da repetição par ou ímpar decrescente:

É um treino próximo ao método da pirâmide, podendo ser considerado um treino misto entre várias valências físicas, dependendo da intensidade empregada, bem como da faixa de repetições. No primeiro exercício inicia-se com um número par previamente escolhido e daí por diante, nas outras séries, as repetições vão decrescendo, mas sempre seguindo a ordem do próximo número par imediatamente abaixo do último. O mesmo pode ser feito utilizando uma contagem ímpar de repetições decrescentes:

Exemplo I – Números Pares:

Exercício: Supino ➜ 6 séries, de 12 – 10 – 8 – 6 – 4 – 2 repetições

Exemplo II – Números Ímpares:

Exercício: Supino ➜ 6 séries, de 11 – 9 – 7 – 5 – 3 – 1 repetições

* Nesses dois exemplos a série é considerada mista de hipertrofia com força pura.

**Exemplo III – Números Pares:*

Exercício: Supino ➜ 6 séries, de 20 - 18 - 16 - 14 - 12 repetições

** *Exemplo IV – Números Ímpares:*

Exercício: Supino ➔ 6 séries, de 23 - 21 - 19 - 17 - 15 repetições

* Nesses dois exemplos a série é considerada mista de resistência muscular e hipertrofia.

Método da repetição par ou ímpar crescente:

Igualmente ao método anterior, também é um treino próximo ao método da pirâmide, podendo ser considerado um treino misto entre várias valências físicas, dependendo da intensidade empregada, bem como da faixa de repetições. No primeiro exercício inicia-se com um número par previamente escolhido e daí por diante, nas outras séries, as repetições vão aumentando, mas sempre seguindo a ordem do próximo número par imediatamente acima do último. O mesmo pode ser feito utilizando uma contagem ímpar de repetições crescentes:

* *Exemplo I – Números Pares:*

Exercício: Supino ➔ 6 séries, de 2 – 4 – 6 – 8 – 10 – 12 repetições

* *Exemplo II – Números Ímpares:*

Exercício: Supino ➔ 6 séries, de 1 – 3 – 5 – 7 – 9 – 11 repetições

* Nesses dois exemplos a série é considerada mista de força pura com hipertrofia.

** *Exemplo III – Números Pares:*

Exercício: Supino ➜ 6 séries, de 12 - 14 - 16 - 18 - 20 repetições

** *Exemplo IV – Números Ímpares:*

Exercício: Supino ➜ 6 séries, de 15 - 17 - 19 - 21 - 23 repetições

* Nesses dois exemplos a série é considerada mista de hipertrofia e resistência muscular.

Tanto nesse método quanto no anterior, deve-se atentar para a quantidade total de séries a serem realizadas para cada músculo/grupo muscular, para que o volume de treino não seja demasiado, e portanto, catabólico demais, comprometendo a qualidade das últimas séries do treino e também a recuperação do atleta.

Método da repetição par e ímpar alternado:

A configuração das séries é semelhante à série combinada, pois escolhe-se 2 exercícios para um mesmo grupo muscular, que serão realizados em conjunto, porém com intervalo entre eles, onde o primeiro é realizado numa contagem par e o segundo numa contagem ímpar, e assim por diante até se completar o número previsto de séries.

Exemplo de treino de dorsais:

Exercícios escolhidos: Pulley Alto - puxada frontal, e Voo curvo

16 reps no pulley alto,	1' de intervalo, 1' de intervalo	15 reps no voo curvo
14 reps no pulley alto,	1' de intervalo, 1' de intervalo	13 reps no voo curvo
12 reps no pulley alto,	1' de intervalo, 1' de intervalo	11 reps no voo curvo
10 reps no pulley alto,	1' de intervalo, 1' de intervalo	9 reps no voo curvo
8 reps no pulley alto,	1' de intervalo, 1' de intervalo	7 reps no voo curvo
6 reps no pulley alto,	1' de intervalo, 1' de intervalo	5 reps no voo curvo
4 reps no pulley alto,	1' de intervalo,	3 reps no voo curvo

Esse método pode ser intensificado pela supressão do intervalo entre um exercício par e outro ímpar, dando o intervalo apenas a cada 2 exercícios:

Exercícios escolhidos: Pulley Alto - puxada frontal, e Voo curvo

16 reps no pulley alto + 15 reps no voo curvo
1' de intervalo
14 reps no pulley alto + 13 reps no voo curvo
1' de intervalo
12 reps no pulley alto + 11 reps no voo curvo
1' de intervalo
10 reps no pulley alto + 9 reps no voo curvo
1' de intervalo
8 reps no pulley alto + 7 reps no voo curvo
1' de intervalo
6 reps no pulley alto + 5 reps no voo curvo

Método do overreaching:

Overreaching se refere à uma indução planejada do *overtraining*, ou seja, de um treinamento catabólico durante um ou dois microciclos, utilizando para tanto de um considerável aumento de volume e/ou intensidade; dessa forma o atleta entrará num estado de fadiga muito maior do que o normal, visando posteriormente uma possível supercompensação também maior do que o normal, servindo também para a transposição do platô, (estagnação de resultados).

Esse sistema deve ser muito bem planejado antes de ser aplicado, e sempre avaliar a sua real necessidade, pois além de muito catabolismo, o *overreaching* pode induzir à lesões e retardar ainda mais com isso a recuperação e a subsequente supercompensação.

Pode ser uma boa alternativa para se utilizar antes de longos períodos de afastamento dos treinos, como em viagens ou outras situações onde o atleta ficará impedido de treinar por muitos dias. Dessa forma, como o estímulo é muito forte, o atleta consegue amenizar a falta de treinamento, pois nesses dias em que ele não irá treinar, o corpo estará se recuperando do choque aplicado. Normalmente uma semana de *overreaching* já atinge o objetivo proposto, e nunca é utilizado por períodos de 2 semanas consecutivas.

Uma outra forma de se aplicar esse sistema, além do óbvio aumento de intensidade/volume, seria encurtar os dias de recuperação para os grupos musculares, por exemplo, ao invés de se treinar o mesmo músculo a cada 4 ou 5 dias, encurtar esse período para cada 2 dias, e com a mesma intensidade. Uma proposta ainda mais radical seria treinar o corpo todo todos os dias, durante um microciclo.

Ao final do microciclo o *overreaching* causa inevitavelmente uma queda no desempenho do atleta, portanto, ao ser finalizado, deve-se seguir um período de descanso absoluto de alguns dias, ou de um microciclo de baixa/baixíssima intensidade, (microciclo regenerativo), para que ocorra a resposta desejada quanto à supercompensação do atleta.

Método sem divisão:

Treina-se todo o corpo sem divisão quanto aos grupamentos musculares, 3 vezes por semana, com apenas 1 dia de intervalo. Como não há divisão, a quantidade de exercícios deve ficar entre 10 e 16 por dia de treino, dependendo claro, do número de séries estipuladas para cada exercício; uma quantidade maior não possibilitaria uma recuperação adequada, que necessariamente deverá ocorrer em 48 horas.

Exemplo de treino com 10 exercícios:

Exercício	Séries	Repetições
Supino reto	5 a 6	8 a 10
Remada sentado	5 a 6	8 a 10
Elevação lateral	5 a 6	8 a 10
Rosca com barra	5 a 6	8 a 10
Tríceps *pulley*	5 a 6	8 a 10
Leg press	5 a 6	8 a 10
Cadeira extensora	5 a 6	8 a 10
Cadeira flexora	5 a 6	8 a 10
Gêmeos hack	5 a 6	8 a 10
Abdominal	5 a 6	8 a 10

Exemplo de treino com 16 exercícios:

Exercício	Séries	Repetições
Supino reto	3 a 4	8 a 10
Voador	3 a 4	8 a 10
Remada sentado	3 a 4	8 a 10
Pulley alto	3 a 4	8 a 10
Agachamento	3 a 4	8 a 10
Leg press	3 a 4	8 a 10
Cadeira extensora	3 a 4	8 a 10
Cadeira flexora	2 a 3	8 a 10
Cadeira abdutora	2 a 3	8 a 10
Glúteo na máquina	3 a 4	8 a 10
Tríceps *pulley*	2 a 3	8 a 10
Tríceps corda	2 a 3	8 a 10
Rosca *scott*	3 a 4	8 a 10
Elevação lateral	3 a 4	8 a 10
Elevação frontal	2 a 3	8 a 10
Abdominal	5 a 6	8 a 10

Método heavy duty:

Esse sistema foi concebido pelo falecido fisiculturista Mike Mentzer, que foi um grande expoente mundial desse esporte. Basicamente, preconiza uma redução no volume de treino, em benefício de um drástico aumento na intensidade.

O mesmo músculo deve ser treinado a cada 10-12 dias de intervalo em rotinas pesadíssimas, que variam de 1 a 3 exercícios para cada músculo, e 2 a 3 séries de cada exercício, ou ainda, 2 a 3 séries de apenas

1 exercício. Realizam-se poucas repetições em treino de curtíssima duração, pois o objetivo é levar o músculo até a sua falha total de execução de movimento.

A musculatura é treinada de forma tão intensa que em poucos minutos deverá estar totalmente fadigada. É um dos métodos de treino que menos tempo requer para se completar a rotina diária de treinamento, (as rotinas de Mike Mentzer duravam em média meia hora por dia). Por sua característica de altíssima intensidade, só deve ser utilizada por fisiculturistas e atletas avançados e experientes.

O grande intervalo entre um treino e outro se justifica pela necessidade de reparação tecidual, pois o estímulo é tão forte que a taxa de catabolismo póstreino é muito alta: o músculo treinado necessita de muitos dias para estar 100% apto a se expor novamente a esse estresse. Na sua preparação para o Mr. Olympia, Dorian Yates, treinava dois dias alternados por um de descanso, utilizando esse sistema de alta intensidade.

Algumas pessoas consideram que nesse método a musculatura não é exposta a uma quantidade razoável de repetições para que ocorra o processo de hipertrofia de forma satisfatória, ou seja, ocorre pouco trabalho mecânico. Apesar disso, o processo de hipertrofia parece estar muito mais envolvido com aspectos de intensidade do que aspectos de volume, portanto sua eficácia está bem sedimentada nesse ponto, além do quê, atletas que utilizam esse sistema obtêm resultados satisfatórios.

Método Pliométrico

O método pliométrico é aplicado mediante um encurtamento muito rápido do músculo, de forma a aumentar o trabalho concêntrico deste músculo por reflexo de estiramento. O termo pliometria geralmente se refere ao treino de membros inferiores, envolvendo saltos de diferentes alturas, sendo mais utilizado para melhorar a potência dos membros inferiores de forma específica para esportes que exijam essa qualidade física durante a sua prática. Em algumas situações a pliometria também pode se aplicar a alguns músculos dos membros superiores.

Algumas máquinas, como o supino no cursor, (*smith machine*), permitem também aplicar o princípio da pliometria para o peitoral e tríceps, assim como o desenvolvimento na máquina permite treinar pliometria para ombros, (embora a porção acromial dos deltoides possam sofrer algum tipo de lesão, devido ao impacto resultante).

Deve-se analisar cuidadosamente a utilidade desse treino, já que a impactação nas articulações é constante e pode ser lesiva, caso esse método seja utilizado sem alguns critérios de segurança, (saltos realizados de alturas excessivas, aterrissagem em solo muito duro, etc.), e sem a periodização devida. O custo-benefício na maioria das vezes não é compensatório, já que outras formas de se treinar a potência muscular podem ser utilizadas através de métodos mais seguros.

Método da Intensidade Alternada
por Grupo Muscular

Esse método propõe uma alternância de intensidade quanto aos grupos musculares trabalhados dentro de uma mesma sessão de treinamento, possibilitando maior intensidade ao grupo muscular escolhido como prioritário, mas sem deixar de estimular o grupo escolhido como secundário, que é treinado de forma menos intensa.

A proposta nesse exemplo é alternar as semanas quanto a intensidade do treino, assim como se alterna a intensidade dos músculos treinados dentro da mesma semana. As semanas 1 e 3 utilizam 100% de intensidade para determinados músculos e 70% de intensidade para outros, o que no decorrer da semana é alterado, os músculos que foram treinados com o máximo de intensidade são treinados na próxima sessão com 70% de intensidade, enquanto os que foram treinados com 70% passam a ser treinados com 100% de intensidade.

As semanas 2 e 4 utilizam 90% de intensidade para determinados músculos e 80% de intensidade para outros, o que no decorrer da semana, semelhante as semanas 1 e 4, também é alterado: os músculos que foram treinados com 90% de intensidade são treinados na próxima sessão com 80% de intensidade, enquanto os que foram treinados com 80% passam a ser treinados com 90% de intensidade.

No exemplo abaixo foram escolhidas as seguintes faixas de repetições para determinada intensidade de treino:

5 repetições para 100% de intensidade
13 repetições para 70% de intensidade
8 repetições para 90% de intensidade
10 repetições para 80% de intensidade

Essas faixas de repetições foram escolhidas de modo aleatório, pois como já foi visto a quantidade de repetições, a princípio, não tem nada a ver com a intensidade de um treino. Mas é claro, à medida que as repetições são mais curtas, espera-se uma intensidade ao menos um pouco maior, pois não faz sentido se realizar apenas 1, 2 ou 3 repetições com carga leve, pois assim nenhuma valência física é treinada e nada se pode esperar de rendimento em um treino com essas características. Baixas repetições passaram a ser, então, ao menos um indicativo de que o treino está sendo realizado de forma mais pesada.

Como a intensidade é referente apenas a um músculo ou grupo muscular, a sessão não é 100% intensa, apenas parte dela, portanto, esse método muitas vezes possibilita ao praticante treinar 2 vezes por semana cada grupo muscular, mas de forma alternada quanto ao percentual de carga empregado.

Exemplo de divisão e periodização dessa proposta:

Divisão em três, A, B e C, que devem ser treinados 2 vezes por semana cada um:

A	Peito - Tríceps- Abdominais
B	Costas - Bíceps - Gêmeos
C	Coxa - Ombros

Sendo que:

Segunda	Terça	Quarta	Quinta	Sexta	Sábado	Domingo
A	B	C	A	B	C	Descanso

Semanas 1 e 3	100% e 70% de intensidade (5 e 13 repetições)
Semanas 2 e 4	90% e 80% de intensidade (8 e 10 repetições)

Dia semana	Grupo muscular	Intensidade
Segunda	Peito	100%
	Tríceps	70%
	Abdominais	100%
Terça	Dorsais	100%
	Bíceps	70%
	Gêmeos	100%
Quarta	Coxa	100%
	Ombros	70%
Quinta	Peito	70%
	Tríceps	100%
	Abdominais	70%
Sexta	Dorsais	70%
	Bíceps	100%
	Gêmeos	70%
Sábado	Coxa	70%
	Ombros	100%

Semanas 1 e 3:

Segunda A – Peito (100%) – Tríceps (70%) Abdominais (100%):		

Exercício	Repetições	Intensidade
Supino reto	5	100%
Cross over de cima para baixo	5	100%
Supino na máquina	5	100%
Tríceps *pulley*	13	70%
Tríceps corda	13	70%
Abdominal na máquina com peso	10	100%

Terça B – Dorsais (100%) – Bíceps (70%) – Gêmeos (100%):		

Exercício	Repetições	Intensidade
Pulley Frente	5	100%
Remada banco	5	100%
Pulley frente máquina alavanca	5	100%
Rosca barra reta	13	70%
Rosca barra pegada nula	13	70%
Gêmeos no Hack	15	100%

Quarta C – Coxa (100%) – Ombros (70%):

Exercício	Repetições	Intensidade
Leg Press	5	100%
Agachamento barra	5	100%
Mesa extensora	5	100%
Mesa flexora	5	100%
Elevação lateral	13	70%
Encolhimento	13	70%
Remada alta	13	70%

Quinta A – Peito (70%) – Tríceps (100%) - Abdominais (70%):

Exercício	Repetições	Intensidade
Supino reto	13	70%
Cross over de cima para baixo	13	70%
Supino na máquina	13	70%
Tríceps pulley	5	100%
Tríceps corda	5	100%
Abdominal máquina sem peso	25	70%

Sexta B – Dorsais (70%) – Bíceps (100%) – Gêmeos (70%):

Exercício	Repetições	Intensidade
Pulley frente	13	70%
Remada banco	13	70%
Pulley frente máquina alavanca	13	70%
Rosca barra reta	5	100%
Rosca barra pegada nula	5	100%
Gêmeos no Hack	25	70%

Sábado C – Coxa (70%) – Ombros (100%):

Exercício	Repetições	Intensidade
Leg Press	13	70%
Agachamento barra	13	70%
M. extensora	13	70%
M. flexora	13	70%
Elevação lateral	5	100%
Encolhimento	5	100%
Remada alta	5	100%

Semanas 2 e 4:

Segunda A - Peito (90%) - Tríceps (80%) - Abdominais (90%):

Exercício	Repetições	Intensidade
Supino reto	8	90%
Cross over de cima para baixo	8	90%
Supino na máquina	8	90%
Tríceps *pulley*	10	80%
Tríceps corda	10	80%
Abdominal na máquina (carga)	10	90%

Terça B Dorsais (90%) - Bíceps (80%) - Gêmeos (90%):

Exercício	Repetições	Intensidade
Pulley frente	8	90%
Remada banco	8	90%
Pulley frente máquina alavanca	8	90%
Rosca barra reta	10	80%
Rosca barra pegada nula	10	80%
Gêmeos no Hack	12	90%

Quarta C – Coxa (90%) – Ombros (80%):

Exercício	Repetições	Intensidade
Leg Press	8	90%
Agachamento barra	8	90%
Mesa extensora	8	90%
Mesa flexora	8	90%
Elevação lateral	10	80%
Encolhimento	10	80%
Remada alta	10	80%

Quinta A – Peito (80%) – Tríceps (90%) – Abdominais (80%):

Exercício	Repetições	Intensidade
Supino reto	10	80%
Cross over de cima para baixo	10	80%
Supino na máquina	10	80%
Tríceps *pulley*	8	90%
Tríceps corda	8	90%
Abdominal máquina sem peso	20	80%

Sexta B – Dorsais (80%) – Bíceps (90%) Gêmeos (80%):

Exercício	Repetições	Intensidade
Pulley frente	10	80%
Remada banco	10	80%
Pulley frente máquina alavanca	10	80%
Rosca barra reta	8	90%
Rosca barra pegada nula	8	90%
Gêmeos no Hack	15	80%

Sábado C – Coxa (80%) – Ombros (90%):

Exercício	Repetições	Intensidade
Leg press	10	80%
Agachamento barra	10	80%
M. extensora	10	80%
M. flexora	10	80%
Elevação lateral	8	90%
Encolhimento	8	90%
Remada alta	8	90%

Conclusão

Foram citados alguns métodos de treinamento em musculação, que podem ainda apresentar inúmeras variações e combinações entre si. Cada um deles deve ser corretamente aplicado e periodizado, novamente, dependendo da individualidade biológica e das perspectivas de cada atleta.

A utilidade e aplicabilidade deles é dada em função dos fatores:

– Quando aplicar
– Para quem aplicar
– Por que aplicar
– Por quanto tempo aplicar

Devidamente utilizados e periodizados, eles vêm trazer um novo horizonte de treinamento ao universo da musculação, sempre lembrando que cada indivíduo é único, e portanto, o sucesso do treinamento virá com a melhor adequação de cada um às propostas de treinamento/dieta.

Referências bibliográficas

Aaberg, Everett. *Musculação, Biomecânica e Treinamento*. 1ª edição. São Paulo: Editora Manole, 2001.

Bacurau, Reury Franco. *Hipertrofia Hiperplasia: Fisiologia, Nutrição e Treinamento do Crescimento Muscular*. 1ª edição. São Paulo: Phorte Editora, 2001.

Bompa, Tudor O.; Cornacchia, Lorenzo J. *Treinamento de Força Consciente: Estratégias para Ganho de Massa Muscular*. 1ª edição. São Paulo: Phorte Editora, 2000.

Campbell, Mary K.; Farrel, Shawn O. *Bioquímica*. 5ª edição. São Paulo: Editora Thomson, 2007.

Guimarães Neto, Waldemar Marques. *Musculação Anabolismo Total*. 1ª edição. Guarulhos: Phorte Editora, 1997.

Guimarães Neto, Waldemar Marques. *Diário Prático de Treino com Pesos*. 1ª edição. Guarulhos: Phorte Editora, 1998.

Guimarães Neto, Waldemar Marques. *Princípios de Treinamento*. 1ª edição. Guarulhos: Phorte Editora, 2000.

Guimarães Neto, Waldemar Marques. *Musculação Além do Anabolismo*. São Paulo: Phorte Editora, 2003.

Pereira A. Filho, Ney. *Musculação Aplicada à Ginástica Localizada*. 1ª edição. Gráfica Frei Luiz.

Power, S.K. & Howley, E.T. *Fisiologia do exercício – Teoria e Aplicação ao Condicionamento e ao Desempenho*, 3ª edição, Editora Manole, 2000.

"Strength, Power and the Baby Boomer", American College and Sport Medicine, Current Comment, 2002.

The State of Exercise Training: A Need of Action, David J. Whellan, M.D, and Cristopher M. O' Connor, MD, Durbam NC, American Heart Journal – 2002.

Westcott, Wayne; Baechle, Thomas. *Treinamento de Força para a Terceira Idade: Para Condicionamento Físico e Performance ao longo dos anos*. 1ª edição. São Paulo: Editora Manole, 2001.

Women, Exercise and Aging – Strong Message for the "Weaker" Sex, M. J. Friedrich, American Medical Association – 2001.

X-Plain tm, Exercising for a Healthy Heart, The Patient Education Institute, Inc., 1995 – 2001.

Conheça mais sobre o nosso catálogo em **www.iconeeditora.com.br**

NOVOS ESPAÇOS PARA ESPORTE E LAZER

Fernando Telles Ribeiro

312 páginas

GRUPOS ESPECIAIS: AVALIAÇÃO, PRESCRIÇÃO E EMERGÊNCIAS CLÍNICAS EM ATIVIDADES FÍSICAS

Giovanni da S. Novaes / Henrique Mansur / Rodolfo de A. M. Nunes

160 páginas

DIDÁTICA COM CRIATIVIDADE: UMA ABORDAGEM NA EDUCAÇÃO FÍSICA

Cynthia C. Pasqua M. Tibeau

112 páginas

www.iconeeditora.com.br (11) 3392-7771

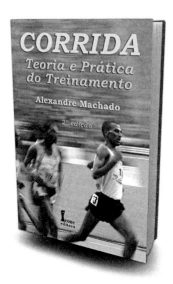

CORRIDA TEORIA E PRÁTICA DO TREINAMENTO – 2ª edição

Alexandre F. Machado

144 páginas

CORRIDA – BASES CIENTÍFICAS DO TREINAMENTO

Alexandre F. Machado

408 páginas

42,195 – A MARATONA DE DESAFIOS QUE SUPEREI NOS MEUS 42 ANOS E 195 DIAS DE VIDA POR MEIO DA CORRIDA!

Fauzer Simão Abrão Júnior

184 páginas

(11) 3392-7771   www.iconeeditora.com.br

FUTSAL & FUTEBOL: BASES METODOLÓGICAS

Ricardo Moura Sales

208 páginas

FUTEBOL: GESTÃO E TREINAMENTO

Paulo Roberto Alves Falk / Dyane Paes Pereira

264 páginas

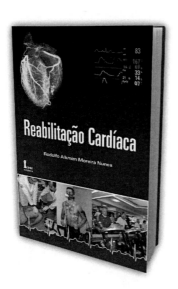

REABILITAÇÃO CARDÍACA

Rodolfo Alkmim Moreira Nunes

208 páginas

www.iconeeditora.com.br   (11) 3392-7771

GESTÃO DO ESPORTE NO BRASIL – DESAFIOS E PERSPECTIVAS

Leandro Carlos Mazzei [Org.] / Flávia da Cunha Bastos [Org.] et al.

200 páginas

MANUAL DO *PERSONAL TRAINER* BRASILEIRO – 4ª ed. rev., atual. e amp.

Luiz Antônio Domingues Filho

248 páginas

TREINAMENTO DE FORÇA PARA ESPORTES DE COMBATE

Franklin Magalhães

248 páginas

(11) 3392-7771   www.iconeeditora.com.br

BASES METODOLÓGICAS DA PREPARAÇÃO FÍSICA

Alexandre F. Machado

248 páginas

FORÇA E POTÊNCIA NO ESPORTE: LEVANTAMENTO OLÍMPICO

Edmilson Dantas / João Coutinho

104 páginas

MANUAL DE AVALIAÇÃO FÍSICA – 2ª edição

Alexandre F. Machado

256 páginas

Conheça mais sobre o nosso catálogo em www.iconeeditora.com.br

TREINAMENTO DE MUSCULAÇÃO PARA A NATAÇÃO: DO TRADICIONAL AO FUNCIONAL

Rodrigo Luiz da Silva Gianoni

120 páginas

ENSINANDO MUSCULAÇÃO: EXERCÍCIOS RESISTIVOS – 4ª edição

Luís Cláudio Bossi

128 páginas

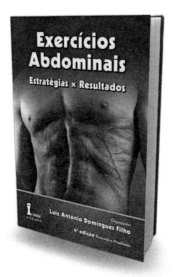

EXERCÍCIOS ABDOMINAIS – 4ª ed. rev. e amp.

Luiz Antônio Domingues Filho

240 páginas